斯波克父母经 II

〔美〕本杰明·斯波克 著
〔美〕马丁·斯坦 编
刘莹 译

中国妇女出版社

图书在版编目（CIP）数据

斯波克父母经. Ⅱ /（美）本杰明·斯波克（Benjamin Spock）著；（美）马丁·斯坦（Martin Stein）编；刘莹译. —北京：中国妇女出版社，2018.1

书名原文：Dr. Spock's The School Years: The Emotional and Social Development of Children

ISBN 978-7-5127-1420-5

Ⅰ. ①斯… Ⅱ. ①本… ②马… ③刘… Ⅲ. ①学前教育—家庭教育 Ⅳ. ①G781

中国版本图书馆CIP数据核字(2017)第017220号

斯波克父母经II

作　　者：〔美〕本杰明·斯波克　著　〔美〕马丁·斯坦　编　刘莹　译
策　　划：菅　波
责任编辑：廖晶晶　李一之
封面设计：逸水翔天
封面插画：王露晨之
责任印制：王卫东
出版发行：中国妇女出版社
地　　址：北京市东城区史家胡同甲24号　邮政编码：100010
电　　话：（010）65133160（发行部）　65133161（邮购）
网　　址：www.womenbooks.cn
法律顾问：北京天达共和律师事务所
经　　销：各地新华书店
印　　刷：北京鹏润伟业印刷有限公司
开　　本：170×240　1/16
印　　张：13.5
字　　数：200千字
版　　次：2018年1月第1版
印　　次：2018年1月第1次
书　　号：ISBN 978-7-5127-1420-5
定　　价：49.90元

感恩与斯波克先生“相遇”

四五年前，我在北师大研读家庭教育专业时，非常荣幸有机会先后翻译了斯波克先生的两本著作，一本译作《斯波克父母经》（*Dr. Spock On Parenting*），另一本译作《斯波克教子宝典》*（*Dr. Spock's The School Years*）。这两本书的写作和结集时间前后衔接，内容一脉相承，都是斯波克先生晚年对儿童青少年家庭教育思考的结晶之作。此次两本书同时再版，并结为“斯波克父母经”系列，在内容上也做了再次校订和完善，由中国妇女出版社出版，我自然欢喜期待，这其中的诸多美好缘分也让我内心充满感恩。

近年来，我一直在从事儿童青少年和成年人的心理咨询工作，也读了更多书，学习了更多理论，在众多前辈们的影响之中，斯波克先生对我来说始终有着特别的意义，他带给我的温暖、信心和启发是我在工作中的学习榜样。借此机会，希望把我这些年对斯波克先生教育理念的点滴理解和体会分享给大家。

---

* 本次改版，书名改为《斯波克父母经II》。

一、斯波克先生其人

斯波克先生全名是本杰明·斯波克，出生于1903年，1998年去世，享年95岁高龄，他的一生几乎跨越了整个20世纪。他出生在美国东北部一个有着盎格鲁－撒克逊文化传统的中产家庭。他的父亲毕业于耶鲁大学，是一名律师；妈妈受过良好教育，但没有外出工作，生育了7个孩子，6个活了下来，斯波克先生是家中老大，上面1个哥哥早夭，下面有4个妹妹、1个弟弟。斯波克先生先后就读于耶鲁大学和哥伦比亚大学，获得医学博士学位，还接受了多年严格的精神分析培训，是一位具有医学、心理学背景，同时对教育也有着深刻见解的学者和儿科医生。

从斯波克先生自己的传记中可以看到，他对妈妈的评价是：非常有主见，聪明能干，非常爱孩子，重视孩子行为习惯和人品道德的教养，但又有点儿严厉、专制，让孩子们十分敬畏。6个孩子都深受妈妈的影响，受到严格管教，3个当了老师，两人成了儿童心理学家——可以看出这是一个高度重视子女教育的家庭。斯波克从小帮助妈妈照料弟弟妹妹，换尿布、喂奶，非常耐心、细心，富于责任感。

斯波克先生的毕生工作并不仅限于对儿童健康和教育事业做出的贡献，他的一生充满传奇。他曾经和马丁·路德·金一起工作过，为黑人和穷人争取合法权益，参加过反越战的政治斗争（1968年），甚至参与过美国总统的竞选（1972年）。他非常积极地投身于改善这个世界，具有高度的社会责任感，致力为孩子们的未来创造更和平、更美好的生存环境，也号召更多父母参与到这样的努力中来。

了解斯波克先生的生平和背景，可以帮助我们更好地了解斯波克先生的儿童观、教育观。他绝不是只关注具体琐碎的育儿常识和技巧，他的思考更深，想得更长远。他不仅是一位专业权威的儿科医生、教育研究者、育儿专家，而且是一个关注人类社会健康发展的、具有政治头脑和悲悯情怀的社会活动家，同时，他也是一个极具人格魅力的人。

二、“斯波克父母经”系列的主要教育观点

“斯波克父母经”系列涉及了从新生儿到青少年父母都普遍关心的一些话题。斯波克先生向我们讲述和讨论的是20世纪七八十年代的美国家庭教育、学校教育和社会教育状况，对社会高速发展、家庭结构变化、成功观念、竞争压力、晚婚晚育、婚姻危机、再婚家庭、父职缺位等非常现实而具体的问题都有涉及。在阅读的过程中，我常常会有些恍惚穿越的感觉，好像他在说的就是发生在今天中国的事情。我们常常感叹欧美国家的父母比我们更懂教育、更会教育，但是读了斯波克先生的书，我们会发现，他们的理念和方法也是经过一代又一代，从种种经验教训中、从教育学和心理学的研究成果中学习成长而来，是随着对儿童、对人的认识的深入不断发展进步而来。

由于各种原因，我们国家重新重视和探索这个领域的时间比欧美大约晚了近百年，不过我相信我们完全有希望缩短整体父母人群的成长历程。越来越多的年轻父母意识到自身学习成长的需要，阅读经典育儿著作可以让我们少走一些弯路，少犯一些错误。同时，我们也能体会到真正的教育智慧是没有国界的，是相通的。

“斯波克父母经”系列中的话题从婴幼儿的睡眠、断奶、安慰物、分离焦虑，讲到对孩子行为的约束与管教；从父母的育儿压力焦虑、父亲的重要作用、离婚再婚家庭的亲子关系，讲到孩子健康人格、人生态度和价值观的培养。其观点主要涉及以下几个方面：

1. 关于婴幼儿的睡眠、夜啼、断奶、安慰物、分离焦虑的基本观点：

斯波克先生通过医学、心理学研究，加上40年儿科医生的临床经验，对这些问题做了详细的解读，给予缺乏经验、焦虑中的年轻父母以安慰和信心，并提出了具体的处理方法可供参考尝试。比如，有的宝宝为什么总是啼哭不止？新手父母需要有哪些思想准备，怎样互相体贴配合？什么样的选择才是对宝宝和父母都有益的？母乳喂养时间是否越长越好？怎样减轻亲子分离焦虑？……

让我印象深刻的是，斯波克先生一方面非常重视早期亲子联结，深刻了解早期母婴关系的重要性和婴儿的身心需要，另一方面也特别理解新手父母，特别是新手妈妈所承担的压力和辛苦，主张给宝宝足够关爱的同时也要让妈妈得到足够的身心滋养。他说无论什么原因，母亲都需要支持，父亲必须成为最重要的支持者，强调有了宝宝之后夫妻之间仍然要保持亲密的感情联结，保证婚姻质量，父母身心愉悦、关系融洽，这样才更有利于减轻育儿焦虑，有助于宝宝更加健康成长。

斯波克先生的育儿观念始终是开放、弹性、实事求是，避免强加于人的。他始终致力于帮助年轻父母减轻焦虑、建立信心，而不是用一些刻板理论来增加其焦虑不安。

2. 关于父母的育儿焦虑、竞争压力背后的教育观念和目标的思考

斯波克先生认为美国当代父母的压力来源有许多方面，比如，今天我们很多人失去了精神信仰（科学进步的副作用）、家庭结构变化（大家庭变成小家庭）、社会流动加剧漂泊感、女性外出工作（经济和观念原因）无法安心照料孩子、大量婚姻解体家庭破裂、过度竞争、物质至上、暴力泛滥，等等，这些都会影响到人的存在感、安全感，影响我们的心态和观念。显然，当今的中国父母也面临着同样的压力。

他认为形成孩子性格的主要因素应归结为孩子对父母的钦佩和爱戴，所以他非常强调父母要坚定自己的信念。父母应该通过言传身教向孩子传递什么样的价值观和精神信仰，这是斯波克先生非常关心的一个问题。

比起与人竞争，斯波克先生更希望培养孩子客观对待自己和他人的能力，以及与他人建立友善而温暖的合作关系的能力，他指出父母不要以出人头地为主要教育目标，而是应该代之以激励孩子热心助人、合作、友善和爱的行为。这些并不需要一本正经地灌输给他们，父母的榜样作用就是最好的教育方法。在充满爱的家庭中长大的孩子更喜欢帮助别人，这会给孩子带来美好的感觉，并且促进孩子的成长。

比起学习成绩、文体才艺，斯波克先生更加看重孩子的人格培养、责任感培养以及为他人和社会服务的精神，他用自己的一生做出了榜样。他认为亲情、友情和爱情是家庭教育的重中之重。

书中有专门的文章教父母如何管理愤怒情绪，如何从小培养孩子与人友好相处的能力，如何向孩子传达有益人生的婚姻观、性爱观，等等。他

在不同篇章中反复强调：爱和信任——构成了孩子未来发展和人际关系的基础，甚至他对外界的兴趣以及处理自己想法的能力都会在这个基础上产生。这个基础是从孩子出生那一刻开始的，因此，成为值得孩子敬爱和信任的人，这是我们为人父母者的首要任务，父母的自我成长会让孩子受益一生。

3. 关于孩子行为的约束与管教

不同的儿童观会产生不同的教育观，斯波克先生认为儿童是值得尊重的。因为他们充满理想、真诚，有独到见解和创造性，充满爱心、忠诚，成人应认识到儿童拥有强大的发展和成熟的内在动力，并以互相尊重取代矫正和惩罚的方式来培养孩子。

他坚决反对粗暴地对待孩子，不遗余力地强调爱的作用，认为“惩罚，对于一个不曾被人爱过的成人或者孩子来说，不会产生任何有益的影响，惩罚的痛苦并不具有有效的威慑力；而惩罚对于一直被人所爱的人来说是有影响的，主要因为它代表暂时失去爱和认可，这会让他们感到冷漠和难过”。

“父母的爱唤醒孩子内心爱的回应——这是生命最初几年的成长过程中最为重要的部分，在这个过程中，孩子将来会成为一个温暖的人还是冷漠的人，一个值得信任的人还是不值得信任的人，一个乐观的人还是悲观的人，就基本上决定了。”

“有许多方式可以管理和激励孩子——父母为孩子做出榜样，夫妻之间彼此真诚相待，他们的言行一致，他们的自信，他们对孩子的尊重……”

斯波克先生一次又一次强调，孩子是通过观察他们的父母来学习尊重、爱和得体的行为的。他认为孩子良好的行为表现不应该出于对父母和老师的恐惧，而是应该出于爱，他指出如果孩子因为爱自己的父母，希望让父母开心，并且长大以后希望成为父母那样的人，他就会有更好的行为表现。

对于教养孩子到底是应该宽松还是严格、权威还是民主、外在强制还是内在约束，斯波克先生也分别从理论到实践详细阐述了自己的观点，对于如何识别父母自己的教养观念与情绪来源，如何与孩子一起制订和执行家庭规则，如何有效地与孩子进行沟通等方面，都提供了具有启发性的建议。

4. 关于父亲在家庭教育中的角色

斯波克先生在书中多次谈到父亲在家庭教育中的重要作用，他认为父亲对孩子的指导和管教不能等儿女长到一定年龄之后才开始，父亲也不能在危机临近时突然出现，问题解决后又突然消失。父子建立牢固的亲情关系应该从孩子出生的那一刻开始，父亲和母亲应该一起成为育儿专家。

斯波克先生在文中讲述了他主持的一些调查研究中发现的有趣现象，听起来美国的爸爸和中国的爸爸似乎没有太大的不同，在教养孩子这件事上，参与的少，回避的多，还有的会像个孩子似给妻子忙里添乱，等等，分析解读了这些现象背后可能的心理原因，帮助我们理解有时候做爸爸的那个人为什么会是这个样子，可以做些什么以改善现状。

斯波克先生还回顾了他与自己父亲相处中的小故事和感受，并反思了他自己在两个儿子教养过程中的体验，甚至详细描述了自己离异再婚后与继女金吉尔从难以相处到亲密认同的亲身经历，非常坦诚真实。他并不是告诉你他有什么成功经验，而是让我们看到育儿专家也是在生活磨炼中不断学习反思成熟起来的，读来亲切有趣。

斯波克先生总结比较了不同时代父亲的相似和不同，也提出了具体可行的建议，帮助爸爸更多参与到育儿生活中来，享受父子、父女的亲密情感，促进儿女健康成长。

5. 关于妈妈是否外出工作和家庭分工的问题

许多年轻妈妈都会纠结于在宝宝年纪尚小的时候要不要出来工作，是全职还是兼职，无论是在家照看宝宝，还是几个月后就选择重返职场，妈妈内心都会有许多纠结焦虑，处于两难境地，真正能平衡好很不容易。这里面首先要解决的就是观念问题。

斯波克先生指出，由于社会过分崇尚竞争和物质利益，工资收入和社会地位成为男性追求的最高目标，许多女性现在也接受了男性的价值观，加入了这种毫无意义的激烈竞争。他认为家庭是生活中最重要的部分，并努力劝告女性无论是主动选择工作，还是出于生活需要必须工作，都要避免陷入男性的错误观念，不要认为在外工作比家庭更重要、更具有挑战性。我想，这其实也是更多男性需要端正的一个观念。

这是一个非常个人化的选择，每个家庭的条件不一样，父母自身的工作性质、承受能力也不一样，不能一概而论，需要因人而异，量力而行。时代和科技的进步让我们看到了更多的可以兼顾孩子与事业的机会，也有越来越多的人开始认同陪伴孩子健康成长同样是为家庭、为社会做贡献，值得高度尊重。澄清这些观念可以帮助我们在一些重要时刻有所取舍，做出恰当的选择。

我也想提一下，书中可能会有少量内容让你觉得难以理解和接受，比如斯波克先生对儿童心理行为的解读，有的地方是基于弗洛伊德的理论观点，特别是性心理发展方面的问题，可能读起来不容易理解认同，没有关系，你可以拒绝接受。

斯波克先生说：“如果你觉得这些来源于弗洛伊德的理论荒谬可笑，那就不必接受它，我把这些理论写进书里，是因为在我自己的专业训练和医疗实践中，发现这些理论有助于解释孩子的行为，所以我相信它是正确的。”

另外，书中提出的某些具体方法可能不太符合中国国情，但这不妨碍我们参考斯波克先生的教育观念来探索和选择适合我们自己的教育之道，这是我们的生活，是我们的责任。

三、我读斯波克

再版之际，再次对全书译文做了审校，虽尽力忠实传达并经反复斟酌修改，仍难免力有不逮，欢迎读者批评指正。其实译书的过程就是学习和感动的过程，有许多的共鸣，也时时能感受到斯波克先生的人格魅力：博学、慈爱、质朴、谦逊，他是个非常好的榜样，教我们怎样在生活中、实践中去学习和成长。几年前完成“斯波克父母经”系列译稿初版时，我写下了如下的文字，现在读来仍是我的心声：

他的思考理论联系实际，既有科学研究的依据，
也有对几十年专业经验和生活经验的总结，
他的教育思考影响了无数美国和其他国家的年轻父母，
对当代中国年轻父母同样具有深刻而实用的启示。
因为他并不只是在对美国父母说话，
他告诉你的都是你正在经历或可能会经历的事情，
不居高临下、自以为是，而是娓娓道来，
给你看更多的视角和可能，供你参考。
他有足够的耐心和爱心，
有时似乎有些絮叨，
那一定是他特别希望引起你关注的地方，
特别让他有感触的地方。
他的文字朴素平和，却是有温度、有能量的，
我深知自己水平有限，只是尽力传达，
相信你能在这本书里找到自己需要的东西。

也许这里没有你需要的立竿见影的灵丹妙药，
但是这里有对为人父母者人生思考的启示。

他不是在教你怎样教育孩子，

而是在教你怎样爱，怎样生活，怎样做人，

他认为这才是父母给孩子的最好的礼物。

他不认为自己什么都对，什么都懂，

他不掩饰自己犯过的错误，做过的蠢事，

他也从不替你做选择，做决定，

他只是告诉你，他看到了什么，想到了什么，经历了什么，

如果是他，他会怎么做。

你不需要完全相信他，你可以做自己的决定，

但是，你一定值得花些时间听听他的建议，

然后你可能会更加明白，

自己需要的是什么，自己应该怎么做。

读这本书像是在与一个高贵而谦和的长者对话，

你能感觉到：他爱孩子，也爱你！

四、感谢

尽管难以言表，我还是要感谢斯波克先生，他的工作让我和无数父母从他的智慧关怀中受益。也要感谢芝宝贝总编菅波，承蒙厚爱，给了我与斯波克先生结缘的机会，感谢中国妇女出版社副总编辑廖晶晶对再版的大力支持，她们俩都曾是我的工作伙伴，现在成了多年的好朋友，一直以来给了我许多信任和鞭策，让我感动。还要感谢整个编辑出版团队的精心编辑、辛苦工作。爱你们！

诚挚邀请大家去读这本书，去感受斯波克先生的智慧温暖，从中吸收营养。读书不是目的，学以致用才是，这是需要实践和时间去修炼的。斯波克先生是我们活到老、学到老、终身成长的好榜样。

刘莹

2017年2月

于心功课成长工作室

前　言

本杰明·斯波克博士是一位儿科医生，从20世纪30年代到20世纪末，大约70年间，父母们都在向他请教各种各样的儿童养育问题。他的第一本书《斯波克育儿经》*深受欢迎，他在书中表达的教育观念、实用的建议和亲切的文风，在美国内外都得到了认可。这本书成为史上育儿书中拥有读者最多的一本。

今天，几十年过去了，《斯波克育儿经》仍然是世界上最受尊崇的育儿书，而且斯波克博士的其他著作也同样受到人们的欢迎。虽然他已经去世，但是数以百万的父母还是在通过他的著作来向他“请教”。他为什么如此受欢迎并获得成功呢？我想有三个主要原因：

第一，他的研究范围十分广泛，包含许多父母所关心的孩子身体健康（例如，营养、安全、免疫、疾病早期信号和家庭疗法）和心理健康问题（例如，了解儿童正常发育发展的知识、与父母和兄弟姐妹的关系、父母们不同的教养经验、家庭以外的工作对家庭生活的影响，以及许多其他话题）。

第二，斯波克博士著作的一大特点是，他是在和父母“说话”。妈妈爸爸们经常会这样写信给他：“读你的书时，就好像你正坐在我们家的厨

---

*《斯波克育儿经》（*Dr. Spock's Baby and Child Care*），斯波克博士关于儿童养育方面的专著，于1946年出版。

房餐桌旁，和我聊天，听我诉说。”他的关注焦点通常在父母身上。他的写作以这样的假设为前提：父母都是有能力的，是有智慧的，并且能够以开放的心态来理解孩子们的成长和需要。“相信你自己”是他给父母们的所有指导中的核心主题。

第三，我相信，斯波克博士最卓越之处在于，他始终在与父母的交流中坚守他对时空的变化和孩子个体差异的尊重。他认识到我们教养孩子的方式反映出某种文化价值观，我们对孩子和家庭的一些价值观和视角也在随着时代变迁而发生变化。很典型的表现在于，他并不告诉我们“正确的方法”，他认识到家庭与社会多样性差异的内在价值，在任何情况下他都尊重这种差异。

《斯波克父母经II》（*Dr. Spock's The School Years*）这本书来源于两本已出版的杂志《红皮书》（*Redbook*，1985～1992）和《父母世界》（*Parents*，1992～1998），这些文章已经被编辑出版为两卷本。

本书探讨了当今对儿童教养有影响的一些社会趋势，这本书与它的姊妹篇《斯波克父母经》（*Dr. Spock On Parenting*）一起出版。

斯波克博士最先讨论的一个话题是，要教会孩子给予与分享，教给他们义务与责任的价值，他相信这些价值观，并且认为在孩子小的时候，慢慢灌输给他们这些价值观是最重要的事。他提出一个问题：“孩子们拥有的是不是太多了？”以此来探讨我们当前对物质享受的重视，并提出在儿童新兴价值体系中精神生活的重要性。斯波克博士对精神生活的定义是：“就精神价值而言，我指的是慷慨、友善、合作、诚实、创造和欣赏美的能力、理想主义和爱……我首先来写关于精神生活方面的事情并不是基于宗教信仰，而是因为精神生活可以处理人们之间的关系以及人们与自己的关系，不论他们是不是笃信宗教。”

这本书的第二部分是从家庭的变化谈起，斯波克博士深深尊重所有关爱孩子的人，而不只是核心家庭中的父母、单亲父母、离异父母、再婚家庭和继父母，只要他们对抚养孩子做出了贡献，都是应该被感谢的，这里也包括祖父母。在“婚姻美满更能教育好孩子”一节中，斯波克博士指出，孩子通过观察他们的父母来学习尊重、爱和得体的行为。

第三部分探讨了许多当今父母关注的话题，包括双职工父母面临的巨大挑战、过多安排孩子的活动、电视的影响，以及青少年不当性行为等。在他的著作中，始终在讨论培养孩子自己做决定的必要性，特别是在这一部分。

接下来的两个部分探讨的是纪律和社会性发展，适用于拥有不同年龄多个孩子的父母。如果你期待孩子表现出什么样的行为，纪律可以让你的期待成为一种可能，这种可能会从婴儿期开始持续到整个青春期。斯波克博士认为，父母的优柔寡断是影响纪律执行的一个主要障碍，他帮助父母了解导致优柔寡断的许多因素，并提出了改善的建议。其他话题还包括说谎、游戏的重要性、人际交往、同辈压力和兄弟姐妹间的竞争等。

教育的重要性，是斯波克博士著作中另一个贯穿始终的重要关注点，他对教育定义延伸到了课堂之外，包括与家庭成员及同龄人之间的活动，即家庭教育和社会教育。在这本书最后一部分，他特别强调了师生之间温暖、相互尊重关系的价值，以及把人与人的关系作为所有教育核心部分的重要性。作为总结，他对于如何改进公共教育以满足孩子们的需要，提出了一些重要的建议。

在斯波克博士去世前的一年中，我和他每周会面几次。当时他的健康状况慢慢下降，他和妻子玛丽·摩根从他心爱的、气候比较寒冷的缅因州，搬到了南方气候更为温和的加利福尼亚。我们坐在被植物、各色鲜花、一个大养鱼池和茂密绿色丛林覆盖的峡谷风光环绕的庭院中谈论孩子。我们一起回顾了他第一本书中的章节，我惊讶于他的巨大热情。在94岁高龄而且身体虚弱的情况下，他发现用智慧和情感的力量参与一些关于育儿理念的探讨，对他来说仍然非常重要。用新方法鼓励和维持母乳喂养、消除传统爽身粉不当用法引起的尿布疹、在素食方面的最新建议，以及重新审核新出现的防止尿床的方法，这些都是我们讨论话题的组成部分。斯波克博士体贴周到的回应始终融汇了他的临床经验，以及从许多父母来信中收集的想法和建议。

当我读到这本书中收录的文章时，我听到一个声音，那声音来自一个学识渊博、慈爱关切的心灵，那声音对父母们说，他相信你们能够成为好父母，他相信并尊重你们的智慧和良好的本意。我希望用这本书记录下这位为孩子们的身心健康奉献了一生的儿科医生的学识和智慧。

马丁·斯坦

目 录

第一章　孩子在大视野价值观中成长

第二章　如何安排好家庭教养生活

第五章　理解孩子的世界：儿童交往能力的发展

第六章　学校教育与社会教育

第一章
孩子在大视野价值观中成长

教会孩子给予和分享

真正的慷慨来源于爱

真正的慷慨是不能像教乘法表一样通过口授和训练来教会孩子的，因为比起朋友之间出于礼貌的分享玩具或赠送生日礼物来说，慷慨是更为根本的东西。真正的慷慨来源于爱，那种最深刻、最强烈和最持久的感情。如果孩子们心里没有爱，那么教会他们分享和给予的成效就很有限。

即使那些内心拥有许多爱的孩子，在表达慷慨时也是需要一些帮助的。父母应该知道，在童年某些特定的阶段和特定的情境下，孩子更容易学会慷慨大方。

孩子们生来就准备好了学习爱，并在适当的时候回馈给父母。当父母没有爱可以给予的时候，他们的孩子也绝不会变得有爱心。我们知道这一点是因为我们对两类孩子的成长做了比较，一类孩子是由有责任感、有爱心的父母抚养大，另一类孩子是由不可靠的、没有同情心的父母抚养大。爱，是通过父母在孩子不同年龄、用不同方式来表达并被孩子们所理解的。对于小婴儿来说，当他们不舒服、不开心的时候，比如饿了、冷了、累了或是肚子疼，这时，父母的爱是通过随时准备给予他们安慰来表达的，宝宝因此学会信任和理解这种爱。随着孩子的长大，父母让他们沐浴在微笑、拥抱、夸张的赞美和亲昵的耳语之中，结果是你可以看到宝宝喜悦的回应。

在2～3岁的时候，孩子表现出对独立的渴望，他们坚持自己做决定的权利和说“不”的权利。也是在这个时候，他们开始更多地感受到他们需要依赖自己的父母。他们害怕与父母分离，对陌生人保持警惕。有爱心的父母会很巧妙地表现出他们理解这两种相反的需要，他们一方面不让孩子觉得自己是毫无约束的，另一方面让孩子体会在一些争执中获胜，这样反而避免了更多争执。

3～6岁的孩子通常自己感觉足够独立了，像个小大人，他们变得不再那么喜欢争辩，更为友善，更喜欢合作，更容易相处。这个时期，因为崇拜父母，所以他们极力模仿，像父母那样说话，像父母那样穿衣服，尽其所能地扮演父母的角色，假装像父母一样结婚并有自己的孩子。这个年龄孩子的友善和多情使他们准备好了去学习分享和给予，并且享受这份情感。

6岁之后，孩子们会感受到内心重新燃烧起来的对于独立的渴望，他们不再心甘情愿地对父母言听计从，转而观察与自己年龄、性别相仿的孩子，像他们一样说话，像他们一样穿衣打扮，拥有同样的游戏内容、爱好和理想，他们开始了一个关键的转折——从做一个家庭中的孩子转变为做一个外部世界的人。

孩子对慷慨的准备程度

现在，让我们更深入地看一看不同年龄的孩子对于慷慨的准备程度。1岁以前，宝宝啃面包时会笑着把被口水浸湿的吃剩的面包递给妈妈，这笑容中既有爱也有自豪。我想，他的自豪是来自对成人行为的模仿。妈妈可以通过咂着嘴巴有滋有味地品尝这片小小的面包，来鼓励宝宝的慷慨行为。在1岁刚过的时候，宝宝刚会走，他会与妈妈的客人保持距离，并仔细地观察客人15～30分钟，好像在看接近客人是否安全。他现在既害怕又渴望交朋友，他确认自己喜欢某位客人时，会慢慢地走到他跟前，给他一个自己喜爱的玩具，甚至也许是自己最喜欢的安慰物。客人伸手去接，他允许客人拿着，但是不能拿走。我想说的是，他有慷慨的冲动，但是让他放弃自己的宝贝还是超过了他能够接受的方式。这对成人来说可能觉得有些困惑，因为成人会认为给予和放手这两个动作是连贯的，给予之后就应该放手。

两岁的时候，孩子们观察他们的父母，并模仿任何他们能做到的，特别是他们认为能帮忙的事情，比如，给小宝宝拿一片尿布，或者把刀子、叉子、勺子摆在餐桌上。我认识一个两岁的孩子甚至能把他的安慰奶嘴送给比自己更小的宝宝，这个行为简直太慷慨了！但是，当宝宝长大到足以开始抢夺大孩子的东西时，这种行为会突然终结。

这种对父母和幼小婴儿自发的帮助，相对于与其他同龄孩子分享玩具或与他们合作游戏，是截然不同的两种情况。事实上，在这个年龄阶段，当另一个孩子试图要他的东西，并跟在他后面猛地抢走他的东西时，他还是会愤怒地哭喊："那是我的！"或者他会用玩具打那个孩子或咬他。

两岁的孩子喜欢看其他孩子玩耍并且模仿他们，有时这被称为平行游戏，但是这不能与合作游戏和分享相混淆。

帮助孩子成为给予者

现在让我们聊聊怎样帮助孩子成为给予者。不言而喻，孩子们从出生到成年需要一直感觉到自己是被疼爱的，父母的爱不仅仅是拥抱和亲昵耳语。父母的爱要满足孩子合乎情理的需要：亲密接触，赞赏他们的成绩，当他们身心受伤的时候给予抚慰。父母还应该知道，弟弟或妹妹的降生会让他们嫉妒，要怀着理解之情和他们谈一谈这种复杂的感情。

父母的爱也包括当孩子长大遇到麻烦或是损害了别人的财物时，要理智地控制形势。但是控制并不一定意味着惩罚或让孩子厌烦，而是坚定而通情达理地对待他们。

我认为最有用的培养慷慨的方法，就是要充分利用不同年龄孩子所表现出来的助人和给予的行为特点。当1岁的孩子把玩具递到你手上，可看起来却是似递非递时，你应该微笑着连说几遍："谢谢你！"但是不要试图把玩具从他手里拿走，否则会激起他的占有欲。

当两岁的孩子希望帮你把餐具摆上桌子，你要表示欢迎，不要对他或对你自己说，你自己做会更快，那不重要，让孩子帮助你也是帮助他们自己，对他们来说那是令人激动的时刻（当然，只要没有危险）。如果此时你拒绝他们的帮忙，等到他们动作更为熟练时，他们帮忙的激情就已经过去了，你会不得不劝说他们或者要求他们去帮忙，而这将不再是一件对他们有吸引力的事了。要对孩子做得好的事情表示感谢，对有朝一日他们能承担更复杂的任务保持期待。

不要劝两岁的孩子和别人分享他们的玩具，他们这个时期的占有欲太强，很难接受这种做法。当别的孩子看到或者拿起他们的玩具时，他们可能已经怀疑别的孩子想要得到这些玩具，如果父母强迫他们分享，他们甚至会觉得每个人都要来抢他们的东西，这只会让他们的独占欲比原来更强。

当孩子进入3～5岁阶段时，他们会变得友善，他们喜欢其他伙伴的参与，更愿意合作游戏，他们一起搭积木，或是一起“过家家”，或者扮演医生和病人，或者假装公交车上的司机和乘客，或者轮流推拉儿童车和坐在车上。要帮助他们从自私自利过渡到与人分享，父母可以通过积极参与到合作游戏当中来示范其中的乐趣。这个建议对于3岁孩子比对两岁孩子更为适用，这个时候父母要通过发自内心地、诚挚地表达感谢、提出建议，鼓励孩子更广泛地、更有规律地参与到家务劳动和庭院劳动中来。

当你和孩子一起劳动时，把它当作类似于愉快聊天的休闲时间，就像你和一个成年朋友所做的那样。

如果孩子某一天忘了帮忙，你要克制住责备他的冲动，你可以提醒他曾帮助你做了多少事，而今天你是多么需要他的帮助。如果这样不管用，那你就再多一点点坚持，切莫生气。别忘了，在日托中心老师们也经常要求孩子们回家帮忙做家务。所以稍微等一下，他会想起老师的教导，过来帮一把的。

6岁以后，孩子们的兴趣从热衷于玩“过家家”“结婚和照料孩子”的游戏中转移，他们现在的兴趣是科学、自然、学校生活、个人爱好。他们不再把自己和父母视为一体，而是在语言、服装、餐桌礼仪和所有物方面模仿他们的同龄人，他们关注怎样在学习和社团中受到欢迎。

他们对朋友的忠诚可能体现在组织俱乐部或小团体，其主要功能之一就是排斥那些看上去和他们不一样的人。因此，他们通常无法宽容别人，而这会让别人感到相当痛苦。另外，孩子们渴望了解外面的世界是怎样解决问题的，如果他们拥有自己所尊敬的智慧而善良的父母和老师，就能很容易被引导并学会理解和感受那些来自不同背景、不同地方的人。我深有感触，那些有爱心、有社会意识的老师，是怎样让我的两个孩子在经历这个阶段的时候，逐渐变得对他人能够宽容和欣赏。这种精神对于他们成年以后的生活仍然是非常重要的。我把宽容看作慷慨的一个非常重要的方面，这是可以被老师和父母教会的，而且这会帮助孩子们在社会生活和职业生涯中与人融洽和睦地相处。

从6岁到十几岁时，可以鼓励孩子们以慷慨之心去对待他们圈子以外的人。在父母的帮助下，他们可以修整好那些已经不适合他们的玩具，通过地方组织收集起来分发给贫困家庭的孩子；他们可以把自己的零用钱或收入捐赠给学校或慈善机构；青少年可以做社区服务的志愿者，比如向医院的成年患者提供书籍或组织起来为他们唱歌，在医院里或其他社会公共机构里和孩子们做游戏或者给他们读书，或者为学校里的小学生做家教辅导。

鼓励孩子自己动手做礼物

我对圣诞节、光明节（犹太人的纪念日）还有生日有一个特别的呼吁，这些都是孩子们容易沉迷于贪欲的日子，他们想的、说的都只是关于他们自己想要什么，我想他们中的很多人也得到了过多的礼物。父母有机会要把重点转移一下，鼓励孩子们自己动手为父母和祖父母做节日贺卡和简单的礼物。圣诞节和光明节的时候，让他们自己考虑和选择为朋友和亲戚家的小孩子送什么礼物，并自己支付费用。

孩子们从付出中得到的快乐和成人没有什么两样。我还清楚地记得，我三年级的时候，做了一小套吸墨纸（在我小时候，所有成人都必须用到吸墨纸，因为钢笔写出的墨水干得很慢），用丝带扎好，最上面是一张极小的日历，并用蜡笔画了一个雪地里的房子。我把它带回家，小心翼翼地藏起来，好像那是钻石戒指一样的宝贝。圣诞节早上我迫不及待地希望父母打开它。

给予并不仅仅意味着“施者有福”，而是更令人兴奋。如果父母强调这一观点，并且亲身示范他们在给予中获得的快乐，这一点会表现得尤为真切。

让孩子懂得义务与责任

孩子天生拥有责任感

两岁的孩子可以开始自己穿衣服了。孩子们渴望做成人做的事情，如果父母和他们一起做的话，他们会对此更有兴趣而且更持久。

我认为，你要想的主要问题是用什么样的“态度”来呈现义务与责任。小孩子急着想长大，他们跟在哥哥姐姐身边模仿他们，他们整天玩“过家家”游戏，在其中承担照顾玩具娃娃的责任，他们非常渴望学习成人生活中的责任。

这种渴望和热情是你开始教给孩子这些责任的关键因素。如果你接受这样一种理念：**孩子天生拥有责任感，当孩子们在一起和睦相处的时候，表现出与成人对工作一样的热情，那么，责任就是一种快乐而不是麻烦事。**如果你让孩子独自去做，或者生气时指挥孩子去完成这些责任，那么其中令人兴奋和愉快的情绪就被破坏了。尽管通过威胁孩子，你可能更快地处理完这些麻烦的家务事，但是作为父母你失职了，你未能培养孩子与父母的合作精神以及爱的精神。

让孩子学做家务

你可以决定让孩子学做哪种家务，要确认他可以胜任，比方说，捡起他的玩具。如果他是个渴望帮忙的3岁孩子，并且把收拾玩具看成游戏的一部分，那么他会非常乐意接受你的指导。你可以每次先做给他看，怎样把玩具放进他的婴儿床里，然后他很快就能学会结束游戏后要把玩具娃娃放到哪里去。这些习惯不需要唠叨就很容易养成。当然，你自己做这些事情会快得多，但是那样你就错过了培养孩子习惯的好机会。快，并不是此时此地的目标，现在需要你告诉孩子并做给他看怎样收拾玩具。你可以这样说："你和泰迪熊做完游戏之后它喜欢在这里睡觉。"对这个年龄的孩子一定要耐心，要认识到他们需要的是提醒，而不是责备或唠叨。通常和孩子一起做事会给他们树立一个非常好的榜样。如果你喜欢你所做的事，你的孩子也会很快学会喜爱他所做的事情。

当你的孩子再长大一点儿，你可以开始教他做简单的食物准备工作，我知道有些孩子在他会走之前就会假装"做饭"和搅拌食物了。你和孩子一起在厨房工作的体验是非常有意义、有价值和充满乐趣的。要特别小心别让孩子接触尖锐的刀具。你会发现小孩子喜欢拉来一把椅子，站在上面够到水池去洗胡萝卜。在六七岁的时候，他会把锅里装满水准备蒸煮胡萝卜。你还可以教他做他喜欢吃的花生酱三明治。

许多孩子喜欢帮忙策划一顿美餐，从采购、做准备工作到摆放餐桌，从开始一直跟到结束，他们会忘记了时间，而且我敢肯定你的厨房一定被弄得乱糟糟的。但是，这样做的目的是用快乐的方式帮助孩子承担准备食物的责任，这是你的儿女在今后一生中将要享用的一种技能。所以，从小培养孩子这个好习惯，你也可以分享其中的乐趣。如果你喜欢做饭，喜欢待在厨房里，那么你的孩子也马上会学到这一点。如果你讨厌做饭，那么你就很难让你的孩子学会做饭了。试着换一些别的你们都有兴趣做的事情来做吧。

如果你两岁的孩子特别想帮你做饭，那么可以在你向玉米面包里加入调料时让他帮你搅拌。大一些的孩子可以逐渐学着煮燕麦，但是你必须确认他知道怎么做才不会伤着自己。他做好之后，可能会希望给自己和其他家人端上一碗，以获得更大的满足。

用欢快和令人兴奋的方式，和孩子一起学习做家务，你参与得越多，你就会获得越多的成功，而且你会发现这对你学习耐心、容忍不整洁、接受孩子的能力水平等方面都是十分有益的经验，这对父母来说也是一份非常有益的学习经验——从孩子身上学习耐心和接受。

父母可以通过自己负责任的行为来最有效地培养孩子的责任感。孩子们喜欢以成人作为自己的榜样，当父母自豪而快乐地承担起自己的责任时，孩子也会更加显示出对承担责任的渴望和意愿。

当孩子看到他的爸爸或妈妈打扫树叶、清洗汽车或者修整草坪时，孩子就会穿上靴子、拿起刷子，用力擦洗汽车轮胎，用胶皮水管来冲洗汽车。他可能会喷自己一身水，但是他会很享受与父母亲密合作来做一件大人所做的事情。

许多孩子在童年就决定了职业方向。我想我决定做一个儿科医生是因为我是六个孩子中的老大，我学着妈妈的样子，帮妈妈照顾弟弟鲍勃，还帮弟弟妹妹换尿布、递奶瓶。我相信承担照顾弟弟妹妹的责任，奠定了我成为一个儿科医生的基础。当我妈妈让我照顾某个小宝宝时，我觉得自己长大了，被当作大人了，而且也能像大人一样做事了。

父母有时会发现自己很难退让一步放手让孩子去做事，因为父母能把事情做得更快更好。孩子缺乏经验是在考验你的耐心，但是你可以表现出你对他有信心，这样他可以做得更好，让孩子体会到一种自豪感。

各年龄阶段孩子职责的建议

2岁	3岁	4岁	5岁
• 布置桌子上的餐具 • 把餐巾摆放在桌子上 • 自己穿衣服	• 拎包 • 收拾玩具（需要帮助） • 摆放餐桌上的餐具和盘子	• 倒垃圾 • 学习系纽扣 • 收拾玩具	• 和父母一起打扫草坪（通常最好和父母一起做） • 系鞋带
6岁	**7岁**	**8岁**	
• 帮父母清洗汽车 • 给猫、狗喂食	• 每天整理床铺 • 把垃圾拿到外面 • 每周打扫房间或吸尘	• 准备简单的餐食	

孩子们拥有太多了吗

父母的付出和奉献

许多美国孩子都比世界上其他国家和地区的孩子拥有更多的私有财物。在还是婴儿的时候，婴儿床上通常就堆满了动物玩具，整个童年时代始终都伴随着玩具娃娃、推拉玩具、小四轮车、三轮车、玩具汽车、娃娃的成套服装、机器人、枪、留声机、桌上游戏、太空船、自行车、体育用具、收音机……可能在16岁生日时，还会得到一辆真正的小汽车作为礼物，或者用自己课余打零工挣的钱来买。

在巡回演讲中，我经常和某个家庭住在一起，并被分派住到孩子的房间。房间里有那么多的玩具，衣柜上、架子上、椅子上到处都是，连我的洗漱包都没有地方放。壁橱里塞满了衣服，也没有地方挂我的夹克（我不是在抱怨，只是在发表一种看法）。世界上其他国家和地区的父母可能会对这样的奢侈感到吃惊或着实被吓一跳。

从1620年起，人们离开自己的国家浪潮般移民到美国，一部分原因就是他们希望自己的孩子能拥有所有自己不曾拥有的有利条件，不仅仅是玩具，还有教育、好工作、信仰自由和尊严。

我并不只是在想玩具的事情，孩子们会沉迷于太多的衣服、太多的特权、太多父母付出的各种牺牲。这不仅是指东西或特权的数量或费用，更重要的是这些付出与父母期待之间的关系。有多少奉献是他们被孩子要求或请求去做的呢？最重要的是，孩子是否感激这种奉献，并且也显示出对这种奉献的愿望呢？

举个例子，当一个6岁的孩子想要一辆自行车时，我想，明智的父母不会马上出去给他买回来。可以告诉他自行车的价格，然后讨论以此作为他的生日礼物或是圣诞节、光明节礼物会更合适。如果距离这些日子还有好几个月，可以建议孩子积攒他的零花钱或是承担一项家务劳动，他就能对这次大件购物支出贡献一些力量。我觉得这种延迟满足和分担支出，在一些费用较高的消费需求上是明智之举，这会帮助孩子理解，钱并不是从树上长出来的，还可以检验出他的购买渴望是强烈的还是一时心血来潮。这当然也会让他珍惜那些他参与付出的东西。

我想这是毫无疑问的，总的来说，拥有很多私有财物的孩子不如那些拥有适度数量私有财物的孩子更懂得感恩，因为这些东西来得太容易了，在有机会渴望之前，这些东西就已经到手了。更重要的是，拥有较少的玩具，孩子们会因此而变得更有创造性，思考新的玩法去丰富他们的游戏。比如，为娃娃赋予一个新角色、新情境，在孩子生活中的艰难时刻，像接种疫苗时、受到惩罚感到愤怒不满时，孩子会和娃娃一起克服困难。换句话说，孩子们给玩具赋予了非常多的意义。在我的头脑中有鲜明的对比，前者是几乎淹没在玩具之中的美国孩子，后者是我在一个纪录片中看到的贫穷国家的孩子，他在长时间地玩一个用木棍做成的娃娃，这是他唯一的玩具，他正想方设法创造更多的玩法。

孩子对父母的内疚很敏感

与此相反，我偶尔会在儿童指导诊所看到另一种对比，父母并不是真的那么爱他们的孩子，但是出于某些原因的内疚，他们以成堆的礼物来代替，试图弥补孩子缺失的爱。孩子既不会因为这些礼物而心生感激，也不会去玩它们。他们会忽视这些礼物，甚至虐待它们，因为他们感到这些礼物只是替代品，而他们真正想要的是爱。

缺乏父母的爱是罕见的，然而相当普遍的是父母过于溺爱，因为他们对于另外一些事情感到内疚。比如，他们并没有准备好怀这个孩子，曾希望自然流产。或者这个儿子让妈妈想到了自己的弟弟，小时候她经常欺负这个弟弟，因为看上去他好像比自己更受父母的喜爱。或者，父母都有全职工作，他们担心会失去与孩子的亲密关系。

另一些父母的溺爱是因为他们希望自己的孩子不仅得到父母所拥有的一切，而且也得到父母渴望得到却没有得到的一切；还有一些父母害怕对孩子说“不”，怕被邻居或亲友认为小气，或者有的时候也会担心孩子指责他们缺乏关爱。

孩子们对父母内心的极轻微的内疚都特别敏感（事实上，他们对父母的大部分情绪都十分敏感），他们很难抗拒充分利用这种敏感的诱惑。所以，对父母他们有时候请求，有时候乞求，有时候撒娇，有时候讨价还价，有时候干脆下命令。如果发现这些方法奏效，他们就会坚持这样做，直到他们达到目的，或者直到父母坚决而自信地拒绝他们的要求。

这种情况对孩子的不良影响并不是让他们拥有了过多的财物和特权，而是他们会有这样一种感觉，他们可以通过恐吓、纠缠或不停地烦扰父母以达到目的，让父母给予自己超过父母意愿或不应该给予的东西。这就破坏了他们对父母和对自己的尊重。

这样的孩子可能发展出这样几种性格，他们可能在某种程度上变得爱狡辩、贪婪、以自我为中心、无礼、无视他人的需要和感受。

孩子需要界限

当孩子发现自己可以向父母施加压力，以满足自己不合理、不公平的要求时，这会让他们习惯性地产生负罪感，变得脾气暴躁。他们感觉到这是不对的，应该对父母表现出更多的尊重，他们需要界限（正如我们都需要界限）。矛盾的结果是，他们进一步施压，潜意识中希望最终发现父母的一些底线。而当孩子被锁定在对父母要求过高的亲子关系中时，他们可能会失去全面充分发展自己独立性的机会，比如主动、勤奋、创造力和责任感。

随着他们渐渐长大，这些孩子与人愉快相处和与其他孩子共同游戏的能力也许会不再发展。当他们在学校里与其他孩子在一起时，渐渐感觉到自己不受欢迎。他们有可能变得聪明起来，认识到自己的自私，并做出调整，至少和自己的同龄人在一起时有所收敛，也有可能继续和同龄人对抗。

这让父母也很难过，当他们面对孩子的无理要求无力抗拒时，他们在说“不”和妥协之间犹豫不决。哪个选择都不能让他们安心。他们说“不”之后，会因为觉得自己那么小气而心生自责；如果他们妥协了，又容易因为自己缺乏坚定信念、那么容易被打败而感到后悔和心生怨恨。

这种优柔寡断不仅损害了父母认识界限的能力，也至少在某种程度上动摇和破坏了整个亲子关系，剥夺了其中的快乐、互相尊重、彼此信任和家庭中应有的舒适自在。

改变犹豫不定的态度

这个话题的真正目的，并不是要告诉父母应该给孩子买多少东西，因为每一个家庭的情况不一样，我是想帮助那些感觉到自己溺爱孩子的父母认识到，这对任何人来说都是不健康的爱的方式，也不会给任何人带来快乐。

父母如果足够幸运，不存在内疚自责或唯命是从的教养方式问题，就不需要假装严厉或为此纠结，他们只要对自己有清楚的了解就行。当孩子要求买些东西或请求某种特权时，他们并不是立即决定要不要答应，而是高高兴兴地向孩子解释，那个东西太贵了，除非把它当作一件生日礼物或是节日礼物，或者除非孩子愿意用零花钱或做家务来承担一部分费用。

父母的愉快情绪和毫不犹豫给孩子的印象是：父母是认真的，而一个怒气冲冲的回答则表明父母内心已经在发生冲突。**我相信大部分孩子能遵守那些父母真诚明确地认定为正确的事情，让他们吵闹和纠缠不休的是他们发现父母在某些事情上的迟疑不决和优柔寡断。**

你会说，我通常都是犹豫不定的呀。但是，那并不意味着你不能改变。首先，你要试着找到是什么原因让你对孩子表现得唯命是从或心存内疚；然后，不论你是否找到原因来解释这种情况，你都要练习果断而温和的定力。

当你开始改变时，不要期待情况马上变得完全不同，你必须接受逐渐的改善，伴随着情况时好时坏。甚至当你已经能很好地处理问题时，也不要期望孩子立刻会做出回应，他们暂时还会试图坚持原来一直有效的施压方式，但是只要你坚持到底，他们会明白的。

渐增的压力和乐观的理由

孩子和父母所面临的压力

在我的经验里，前所未有的、更大的紧张不安正在向美国的父母和孩子逼近。它们来自于我们整个社会的巨大压力和精神价值的失落。就精神价值而言，我指的是慷慨、友善、合作、诚实、创造和欣赏美的能力、理想主义和爱。

首先我想澄清一下，我首先来写关于精神生活方面的事情并不是基于宗教信仰，而是因为精神生活适用于处理人们之间的相互关系以及人们与自己的关系，包括为家庭做贡献，为国家和世界的更美好而努力工作，对亲人、朋友和同事的慷慨、忠诚和爱，诚实公正地做事，坚持原则、值得信赖。

当我想到今天的孩子和父母所面临的压力以及对精神生活产生的影响，我回想起自己小时候在康涅狄格州纽黑文市一个中产家庭中度过的童年时光。那里没有任何关于凶杀、强奸、虐待妻子和孩子、少女怀孕或药物滥用的言谈和想法，当然肯定也会有这样的案件发生，但是不足以在报纸上引人注目地呈现。法律严格，生活平静，几乎有些单调。我父亲是铁路公司的律师，每天中午坐有轨电车回家来吃午饭，他从没有受到解雇的威胁，似乎像他这样的专业人士，工作努力，生活节俭，是肯定会有足够的退休金的。我母亲在家生了6个孩子，全部是她自己抚养照顾，像所有的中产阶层父母一样。她每天把最小的孩子放在婴儿车里推着去看望她的母亲，陪她喝茶，我们这些孩子则喜欢在外面玩，直到保姆邀请我们进去吃饼干。

当然，那时也没有收音机和电视，放学后，我们就在后院里玩，遇到下雨天就在家里读妈妈给我们提供的许许多多经典书籍，马克·吐温、狄更斯、萨克雷、金斯利，还有《新知识百科全书》。

今天，人们面临的种种压力已被大众所熟知，但是我还是想把它们列举出来，以显示出我们所面临问题的多样性。

我不会呼吁对所有这些困难都给予关注，除非我相信那是可以克服的。我的呼吁是：**要用不同的教育重点来培养我们的孩子，而不是用倒退的方式**。我知道这都是可行的，只要观察一下以不同方式培养出来的孩子就可以知道。

首先，我们大多数人不再拥有安全感和舒适感，这种感觉过去来自于和我们大家庭的其他成员生活在一起，和祖父母、叔叔、阿姨、堂兄妹等亲戚住在一个亲密相关的小社区中，这里的大部分人都互相认识，在遇到危险的时候随时都会互相帮助。据说在洛杉矶的一些地方，人们平均18个月就要搬一次家，有谁能在不得不如此频繁搬家的情况下安定下来和感到安慰呢？

在过去的这些年里，发生了哪些给孩子和家庭造成压力，对于日益疲惫的心灵来说颇具挑战性的重大事件呢？

离家工作的父母

现在有一半学龄前儿童的父母认为不得不离家工作，大部分是因为经济的原因。在职场上，女性和男性享有同等的权利，但是我们并没有解决谁来照看孩子的问题。如果有位愿意照看孩子的祖母或阿姨当然很好，或者父母能妥善安排他们的工作日程，但是很少人有这样的有利条件。在我童年时，只有有钱人家才有住在家里的“儿童保育员”，有工作的妈妈只能利用“日间托儿所”，那里只提供不太完善的监护照料。

我们现在知道有那种高质量的日间托儿所——意味着每个老师看护很少的孩子，老师们受过良好的幼儿护理和教育方面的培训——可以相当好地代替父母对孩子的关怀照料，但是我们没有足够多的这样的托儿所。同时，许多孩子，实际上是成千上万的孩子，在他们重要的身心成长发育时期，因为得不到很好的照顾而使得他们的情感受到了伤害。这让父母产生长期的负疚感和对自己的不满，因为他们知道孩子得到的关怀照顾并不像他们希望的那样好。

离婚与孩子

我并不反对离婚，我自己也是离过婚的人，但是我们一定要了解离婚会给家庭成员带来怎样的压力。所有离异家庭的孩子都有可能出现恐惧、做噩梦、攻击行为、沮丧和学业成绩不良等问题，这些问题至少会持续两年。这对父母来说会十分艰难，特别是那些获得了孩子监护权的父母。了解他们自己和孩子可能在未来的日子里出现什么样的问题，或许会对他们有一些帮助，这样，他们就能决定到底要不要离婚、怎样才能最好地解决离婚问题，或者尽更大努力去挽救他们的婚姻。

说到单身俱乐部，那里大部分成员都是离异者，我恰好问过他们，有多少人希望自己曾尝试付出更长时间和更多努力来维持自己的婚姻，差不多有一半的人举起了手，这说明离婚往往是在愤怒中做出的决定，他们并没有考虑好所有的补救措施，或许还可以去寻求婚姻顾问的帮助。对这一现象也许会有许多种解释，包括日益增长的离婚率使得人们对于离婚的接受也日益容易。我想可能还有另外一个因素，今天，我们许多人只专注于自己想要什么、需要什么，而并不关心我们对孩子和社会的责任是什么。

两个曾经可以为了对方的快乐做任何事、说任何话的人，现在却会为了激怒对方而做任何事、说任何话，他们把造成这种局面的责任归咎于对方，以此来为自己辩解。善待别人或激怒别人的两种行为中都深藏着能量，要么修复婚姻，要么破坏婚姻。

离婚后，多数人会再婚，然后再婚关系中令人头疼的问题随之而来。多年以前，我写过一篇关于怎样做继父母的文章，我当时还觉得其中有很多智慧，但是，当我自己成了一个继父时，我发现我不知道怎么按照自己写的那些建议去做。当我因为被拒绝而感到沮丧的时候（比如，孩子说："你不是我的爸爸，我不需要按你说的做。"），也做了很多错事，如责骂孩子、对孩子严加管束，这些其实只能更加激起孩子的反抗。

令人不满的工作

要不是为了那份工资，我们大多数人对工作都并不满意，尽管我们很少认真考虑过这一点，但这确实是我们的另一个主要问题。回想昔日单纯的生活年代，人们自己制作盆盆罐罐、衣服被子等东西，会把它们做得尽可能的漂亮，也不管是自己用还是要拿去卖。创造出完整而美丽的作品给人带来极大的满足感。

我记得我做过一艘8英尺*长的帆船，花了我好几个月的时间，搭框架和做夹板，钻了360个小螺丝孔，嵌入360个黄铜螺钉。但是我并不认为这很枯燥，因为整个过程中我都在憧憬，完工之后我可以乘着这艘帆船去航海。最后，我给帆船涂上了一层油漆盖住尘垢，船体立刻变得干净光洁，而且它从没有漏过一滴水，我心里充满了自豪。这才是我们人类这个物种天生就该从工作中得到的满足。

而现在，在工厂的生产流水线上，在办公室里，人们整日整月地坐着，重复着那些对自己毫无意义的动作，不管是化油器生产线上的工作，还是填写各种表格，只不过是一种更有效率和更有利可图的工作方式。近年来在欧洲和美国，越来越多的工厂工人抱怨说，这是一种单调乏味和充满压力的谋生方式。我们社会的许多领域，比如体育界、艺术收藏界、出版界，都把多挣钱当作第一位的目标，从而取代了这些工作本应该给社会带来的快乐和贡献。

---

* 英尺：英制单位，1英尺≈0.30米

过度的竞争

当今社会已经变成了一个过度竞争的社会，我把我们的大多数紧张不安归咎于此。我想，许多父母给孩子传递的信息都是："你要出人头地，孩子，这就是你来到这个世界的目的。"一个令人忧虑的例子就是努力制造"超级儿童"。例如，研究发现，如果你能让孩子服从并付出足够努力，就可以在他两岁的时候教会他阅读。这个实验者说他没有给孩子施加任何压力，但是，我在影片中看到的这个孩子，像一只被吓坏的小兔子在想办法逃脱。所有这些努力和压力的结果并没有证明，如果从两岁开始学习阅读，而不是从通常的6岁开始学习阅读，能让孩子在8岁的时候读得更好！我的预感是，给孩子施加的诸多压力妨碍了孩子的正常发展，你可能会让他完全不喜欢学校教育。在我的学生时代，教学是很枯燥无味的，并不是理想的教育，但是那也比沉重的压力要好。

我认为最重要的是，我们在教育孩子的时候，要尽可能少灌输那种出人头地和获取名利的观念。父母可以为孩子树立榜样，不要以牺牲家庭为代价来过分强调工作的重要。我曾经与11～20岁年龄段的孩子们座谈过，他们的父母大部分是教授或经理，他们以自己父母的重要工作为荣，但也为平时晚上或周末很少有时间与父母在一起而苦恼。当父母以工作太忙为理由，不能去观看他们的体育比赛、音乐舞蹈演出和校园剧时，孩子们会感到特别失落。

父母经常好心好意地帮忙组建一个社团，教孩子运动技巧和体育道德，但是我担心在许多情况下，这种行为过分强化了竞争意识，在孩子还太小时，强调追求完美和胜利的重要。我看到过一个爸爸，在一场小型比赛中，对儿子在场上的失误感到十分尴尬，并且用非常轻蔑的态度严厉地责备孩子。我也曾听说，有的父母因为对判罚不满冲下看台去威胁裁判。过去父母经常把孩子送去参加野外露营活动，研究大自然，享受运动的快乐，而现在的父母则经常把孩子送去参加专门的计算机科学营、数学学习营和网球训练营。

所有这些加在孩子们身上的压力，实际上折射出我们的社会给雄心勃勃的父母们所施加的紧张压力，他们希望获取财富、名誉和地位。我曾和一位孩子陷入困境的父亲聊过，他坦白地承认，他们全神贯注于工作，出席各种会议，希望在工作中获得成功，以至于与孩子们极少沟通，几乎不了解他们。

注重物质享受

与上述问题相关的另一个问题是过度的物质主义。在任何社会中，人们不得不成为物质主义者以避免挨饿，但是在世界上大部分地区，精神价值却受到追求物质享受的制约。我年轻的时候情况有所不同，上大学的时候，我拒绝过一份暑期工作，因为妈妈觉得这份工作太轻松了，令我感到惭愧。

在许多国家里，家庭是极为重要的。孩子长大后会觉得自己对家庭负有重大责任，对于自己拥有足够的成熟和智慧去参与家庭事务而感到自豪。乔佛瑞·戈勒，一位英国的人类学家，很多年前说过，在世界上的其他地方，父亲会对儿子说："孩子，我们是一个幸福的大家庭，我们给你提供吃的、穿的和良好的教育，现在要靠你自己来证明：你是受之无愧的。"在美国却颠倒了过来，爸爸对儿子说："孩子，你要是还没有我干得好，我会看不起你的。"换句话说，我认为首先要给予孩子尊重，孩子才能学会尊重他们的父母和祖父母。而在美国这个变化如此迅速的社会里，许多祖父母期望的最好的对待不过是能被儿孙容忍罢了。

宗教信仰

在世界上许多地方，包括早期的美国，宗教信仰是一种强制力量，孩子们相信他们长大后在这个世上要为主而工作，主会给他们指导，日复一日，年复一年。现在还有许多人去教堂，但是我想他们中的许多人并不总会去寻求上帝的指导。如果我们觉得自己是孤独的，意味着我们已失去了许多，没有什么信仰能让我们内心安定、让我们信服。

对暴力的宽容

美国是目前世界上我所知道的最暴力的国家。几年前，一个被枪支控制的组织，在美国和其他类似的国家，比赛用手枪杀人。有数据显示，极少有国家一年内发生40起之多的枪杀案，英国有8起，你们知道美国有多少起吗？11522起！大部分凶手都是针对他们的家人或恋人。我们的绑架案、虐妻案、虐童案的数量也高得惊人。这些数据的比较让我们看到，这里的许多家庭中充满压力，也缺乏控制。

我认为电视剧和电影要为此承担一定的责任，年满18岁的美国孩子已经在电视剧中平均看过18000次的凶杀，而且心理学研究显示，一个孩子或一个成人，每次在电视剧中看到暴力，都会在一定程度上变得更麻木一些、冷酷一些。即使仅仅是很轻微的变化，如果你重复了18000次，你就会变得十分残忍。并不是这种电视节目会把一个受人喜爱的孩子变成一个凶手，而是看了这种电视节目的人会变得越来越麻木无情。

性爱与心灵

许多人对于性的态度变得粗俗，使性失去了精神上的意义，这也是部分地受到电影和电视剧影响的结果。另一方面，性教育运动原本旨在消除以往孩子（和成人）在性态度上的严重恐惧感和羞耻感，但这一努力导致的后果也是始料未及的。性教育运动强调了性的自然属性，并称“性”首先是一种解剖学术语，这对于过去人们对于性的恐惧和羞耻观念来说是一个巨大的进步。

但是，性教育中的大部分解说都忽视了强调性爱的精神性和理想性与其生物本能属性同等重要。性爱应当包括夫妻之间彼此的忠诚、培养优秀儿女的愿望和对于孩子的尊重。性教育忽略了性爱在诗人、作家、作曲家、建筑师、画家、雕塑家、发明家的灵感迸发中所扮演的角色，它也和这些艺术创作一样是值得欣赏的部分。除了性的解剖学意义之外，孩子们需要尽可能多地了解性爱的这些精神层面。

一个13岁的孩子告诉我："性爱是一种完全正常的本能，是用来享受的。"这句话本身是对的，但是人类写诗、作曲、绘画和设计美丽的建筑，这些活动在一定程度上来源于升华的、理想化的性爱，而这些事情是只有性本能的兔子做不了的。我相信，性爱中精神性、理想性一面的缺失，是大量增加的未成年人怀孕现象的一个重要原因，电影和电视剧中许多粗俗的性爱观念以及社会上离婚的盛行也都与此相关。

我们必须拥有信仰，这里指广泛意义上的精神信仰，尤其是在青少年后期到成年早期之间的过渡阶段。今天，相当多的年轻人并不是在某种虔诚的宗教信仰中被抚养长大，也没有看到什么值得相信的事情，这让他们中的一些人相当恐惧，总希望能抓住些什么。这种不确定性和信仰缺失的结果是，在过去的20年中，青少年自杀数量翻了4倍。

乐观的理由

有时候我问自己，我们的社会中就没有发生什么值得高兴的好事吗？想想还是有两件事让我高兴的。一是人们结婚的平均年龄推迟了。这是好事，因为尽管早结婚有可能很成功，但是统计数据显示，结婚越早对你来说越不容易成功。二是人们生育孩子的时间也略有推迟。过去人们认为应该在年轻、身体能迅速恢复的年龄生孩子，研究显示，还有另外一种选择。有相当多的年轻父母对孩子缺乏耐心和宽容，而将近30岁时生孩子的父母，则更为成熟，更能理解孩子，在对孩子的管教上更为成功。当然，许多年轻一些的父母如果有家庭和社区的支持，也能培养出情感健康的孩子。

我相信，我们面临的大多数严重问题是可以解决的，条件是人们要更清醒地觉察自己，更了解自己需要什么，并积极地行动起来解决问题。这样说是因为我有这方面的亲身体会。例如：我见证了一次真正的婴儿喂养的革命。它首先来自妈妈们对老一套哺乳方式的抵制，于是儿科医生的养育指导发生了变化，喂养时间表从僵化刻板到弹性灵活，以满足婴儿的需要为导向，并开始鼓励几乎已经消失的母乳喂养。

为他人服务的理想

我想，我们首先需要在生活中给孩子提供一种理想的服务，其次是父母应当具有更强的判别力，并积极行动起来为孩子争取他们迫切需要的东西，那是我们在家中无法为他们提供的。

我认为我们在培养孩子的时候，不要一味强调出人头地，而是首先要强调为他人服务，学会帮助别人，学会合作，学会礼貌、善意，学会爱。我并不是指要去对他们说教或惩罚他们，这两种方法我都不赞成。我的意思是，在孩子两岁的时候，就要给他们机会去帮助别人。

当两岁的宝宝帮助我们把餐具摆放在餐桌上或者放回厨房时，我们可以对他表达真诚的感谢："你做得真好，用不了多久你就能独自把盘子摆在餐桌上了。"听到大人说自己又长大了、进步了，这样的夸奖对2～3岁的宝宝来说是很让他们兴奋的。

我认为5～6岁的孩子有能力也应该在家里承担一些简单而固定的职责，并要求他们尊重父母和父母的朋友。我记得我和弟弟妹妹从8岁起，就被要求在暑假里自己用浴盆洗衣服（我不知道我们是怎么把衣服洗干净的），并且收拾好自己的房间。

9～10岁的时候，可以要求孩子为自己的房间吸尘和整理床铺，到12岁的时候，他们可以修剪草坪、清扫落叶、洗车，等等。在孩子劳动的时候，父母最好适度地参与，巧妙地提醒他们不要忘记自己的职责。

怎么处理家务活儿和零用钱之间的关系呢？一些父母要求孩子完成一定的家务就可以获得一份零用钱，另外的父母不让这两件事之间产生联系。哪种办法有效呢？我觉得这件事本身并不重要，但是我相信孩子们会很希望当家里遇到些小麻烦时，父母能让他来帮些忙，不需要付给他钱。这意味着他是这个家庭中的一员。

我想，所有的青少年都应该做一些社会服务工作，比如说，在学校里为学业上有困难的低年级孩子辅导功课，或者到医院和其他儿童福利机构里去，不仅是帮忙，也是去感受自己友善而仁慈的行为，对于那些因为失去健康或家庭而处于痛苦之中的孩子起了多么重要的作用。

青少年中有这样一种现象，有的孩子被介绍给一位父母的成年朋友时，表现得热情大方，而有的孩子则表现得令人讨厌和怀有敌意（也许只是表面现象），而且一言不发。这种区别让我深受触动。我发现，那些青少年可能是天生的情绪化，忸怩不自然，几乎意识不到自己给别人留下了什么印象，但是我想父母应该巧妙地让他们知道什么样的行为可爱，什么样的行为不可爱。

在所有关于怎样让孩子乐于助人和有礼貌的例子中，我想强调的是，父母不可能从责骂中收到良好的效果，而是需要从孩子小时候起就以坚定、自信的态度告诫他们，怎样给世界留下美好的印象。最好的办法是，父母自己做示范，夫妻之间、父母和孩子之间始终彼此热诚相待。

我相信，要想淡化竞争，我们就应该摆脱中小学和大学里分数成绩的束缚。这个想法让许多人震惊，但是我恰好曾在这样一所医学院教过书，他们就成功地取消了考分制度。如果医学院都能取消考分制，那么中小学当然也可以做到。我想，分数误导了孩子们，也误导了教师。他们告诉孩子，如果得到高分他们就会变得更聪明，可这不是真的。在我看来，老师认为获得好分数的必要条件是，首先要有个好记性，其次要听老师的话。我想，好分数也使老师误认为得高分的孩子更聪明，也会更成功。我相信，学校里应该强调的东西是主动性、自主做决定的能力、责任感和创造力。

我认为我们不应该对孩子有任何体罚和羞辱，在美国做到这一点是很不容易的，因为许多父母相信，要想正确地教育孩子，有的时候不可能不打打屁股。事实当然并非如此，我相信许多人也都发现了这一点。我认识的许许多多家庭中的孩子从来不被严厉处罚，也从不被羞辱，然而他们却像你期望的那样既有礼貌又懂得合作。你要做的就是，**从孩子童年起就要用许多对待成人的方式来对待他们，要尊重他们，要求他们与他人合作，也要要求他们尊敬父母。**

我在《斯波克育儿经》的早期版本当中，拐弯抹角不敢直接谈体罚的原因是，那么多父母相信体罚是绝对必要的，并坚决认为我作为一个专业人士不应该批评父母，不应该对他们说“你不知道怎么培养孩子，我知道，让我来告诉你”。但是现在我有了更多的经验，我敢说了，在抚养孩子的过程中，有人认为要让孩子因为爱自己的父母、也希望被父母所爱而愿意听话、守规矩，也有人认为孩子表现好是因为他们害怕被惩罚。我认为前者的教养观念要比后者好得多。

不用说，我是坚决反对孩子们观看电视剧或电影中的暴力内容的，同样也包括露骨的、没有爱情的性活动。我认为更有建设性的建议是，父母应当对广告商、地方电视台和网络运营商施加压力，向他们呼吁：“在电视上为我们的孩子提供些好东西吧！”电视是人类发明的非常强大的教育工具，惭愧的是，它却被用来助长暴力，出售破坏儿童营养均衡、腐蚀儿童牙齿的糖衣食品。

我们应该取得更大进步的另一个重要领域是，支持有关儿童事业的政治活动。父母对此持矛盾态度，通常情况下，他们总是毫不吝啬地为自己的孩子花钱，上音乐舞蹈课、矫正牙齿、节日或生日时买大量的好玩具，等等。但是一说到通过政治活动为所有的孩子建立服务体系，包括为所有孩子提供卫生保健服务、为所有需要的孩子提供高质量的日托机构、为那些生活在贫困区的孩子建立相应的学校、为所有人建造像样的房子、为那些被忽视被虐待的孩子提供救援机构……对这些事情，美国人的关心程度和政治热情就表现得远低于许多其他发达国家的公民。在社会和文化教育事业方面，斯堪的纳维亚半岛上的国家就是一个榜样。

在孩童时代，除了青春期，孩子们都会观察父母并试图模仿他们。这并不是意味着父母必须完美，但是他们应该互相尊重，并尊重孩子，要表现出他们的价值观，不只是在餐桌上表达他们的意见，也不只表现在对待家庭和朋友的态度和言行中，也要表现在对其他人群、国家和世界的态度和行动当中。让孩子看到父母的宽容、慷慨、慈爱以及他们为更美好世界所做出的努力，这是非常重要的。**最重要的是，父母对孩子爱的表达，不只是表现在语言上，也要表现在日常的、自然的拥抱之中。**

一切为了孩子

和孩子谈论他们关心的问题

父母是否应该尝试着去参与解决地方的和世界性的有关孩子的问题呢？当然，我们有许多问题有待解决，孩子们在教堂和主日学校听到了许多关于国际国内社会需要面对的问题，我们面临许多环境危险，比如酸雨、石油泄漏、一氧化碳过量排放引起的“温室效应”导致全球变暖，还有垃圾废物和化学毒素的累积，我们还面临无家可归、贫穷和危旧房屋等社会弊病。我们在电视画面中看到国外饥饿的人们，也看到我们自己国家饥饿和营养不良人群的报告，我们还从电视中看到中东、非洲和东南亚地区爆发的战争。艾滋病的流行正席卷全球，其中包括孩子。毒品滥用正在传播蔓延，并对成千上万的孩子造成严重伤害，特别是在穷人当中。

我们的孩子从电视新闻、报纸图片上看到，从父母和其他孩子那里听到这些灾难，大一些的孩子喜欢用这些真实的或是扭曲了的事情去吓唬小孩子，所以，我们没办法让孩子对此一无所知。看上去这些令人担心的问题确实让他们受到了困扰。我们从20世纪60年代对学龄儿童所做的调查问卷中发现，孩子们比父母们更加担心核战争的爆发，他们十分同情那些战争的受害者，同时也担心自己会成为其中的一员。

明智的父母应该开诚布公地和孩子谈论他们关心的问题，不管他们是直接还是间接提出来的。父母应当澄清孩子所获得的信息中被夸大甚至通常是被歪曲的部分，我认为告诉孩子他们还不能理解的悲剧和灾难是不明智的。

父母应当告诉孩子，世界上大部分问题都是有解决或部分解决的办法的，这会帮助孩子更好地应对焦虑。因为焦虑的产生是为了激励我们去行动，行动又能使焦虑或多或少地减轻。重要的是，我们不仅仅要保护孩子免受全球问题的过分困扰，而且要更进一步赋予孩子解决问题的积极态度。

我相信，父母和老师有责任在孩子的心中培养起一个终生的信念，他们来到这个世界上并不只是为了实现自我，还要去努力让这个世界变得更好，无论他们将来是从事教师、医生或社会工作者等助人的职业，还是进入企业工作。

父母的身教重于言传

引导孩子帮助解决国家问题的最基本方法是父母做出榜样，3～6岁的孩子会专注地观察他们的父母，模仿他们说话走路的方式、他们的日常生活，接纳父母所感兴趣的事情，好像他们能理解似的。在童年中期，7～12岁，他们就不太想模仿父母了，但是他们仍会受到父母基本信念的影响。到了青春期，孩子们的感受就会变得更加复杂，他们希望不辜负朋友们的期望，得到朋友们的认可，他们可能会批判和反抗父母的人生信仰和处世标准。到了二十多岁的时候，他们通常又会回归到父母理想中的主要轨道上来，尽管在细节上会有一些差别。

在童年的不同阶段，父母和孩子聊天的时候不妨谈谈自己的事业，但是明智的父母不会期待青春期的孩子同意你所说的观点，不要让他们觉得你的意见比他们高明是因为你比他们年长许多。十几岁的孩子通常对父母的观点有兴趣，但是会经常避免流露出来。他们讨厌任何企图把观点强加于人的做法，父母用居高临下的态度对他们说话，或者说教的时间太长，都会让他们反感。如果父母说话的态度生硬，缺乏技巧，会让孩子走向反面，把他们的观点推向相反的方向，同时也会推迟或阻碍他们在二十多岁时回归父母的立场。

父母的身教重于言教。培养孩子正确的精神品质应当趁早。别忘了，要想让孩子关心他人、慷慨助人、充满理想，就要期望和要求孩子在家里（如从两岁开始帮忙摆餐桌）和社区街坊中（如在医院和其他当地的机构做志愿者）都成为好帮手。

教育孩子正确看待暴力行为

孩子对暴力的不同反应

不同年龄、不同敏感度的孩子会对形形色色的惨案有不同的反应。6～12岁的学龄儿童对于世界上发生的事情有更强的承受能力，与更年幼的孩子相比，他们对暴力漫画和暴力游戏更感兴趣，所以，他们对恐怖事件感到不安的可能性较小。

当然，青少年对于生活的阴暗面更为熟悉，而且以自己的老于世故为荣。所以，即使他们一开始对悲惨事件感到震惊，也会很快试图把这件事纳入他们先前对这个世界的认识之中，表现出对这样的事情早已司空见惯。

相反，6岁以下的孩子感觉更加敏感，他们对于家庭以外发生的事情知道得很少，对于评价这样一些不寻常的事情没有什么经验。年幼的孩子从令人不安的事件中得到的所有影响都来自于他们的直觉，毫无防备。与大一些的孩子相比，更多6岁以下的孩子会迅速把发生在别人身上的可怕事件联系到自己身上。我清楚地记得，我的一个儿子4岁的时候，有一次他十分惊恐地凝视着报纸上的一张照片，上面是一个男人的头从一台老式的人工呼吸器上伸出来。于是为了安慰他，我试图向他解释，这个人不能自己呼吸了，而这台机器可以帮助他呼吸。突然，他惊恐地掐住自己的喉咙，用嘶哑的声音低声说：“我不能呼吸了！”

由于他们的单纯和想象能力，栩栩如生的卡通动物形象会和真实动物一样让年幼的孩子感到不安。

除了年龄因素以外，与个体的敏感程度也有关系。医生们现在把它称为“气质”，即我们的大脑遇到新情况时影响我们情绪的方式。我见过有些还不到1岁的孩子感到害怕时就会有一些恐惧的表情，而我却没看出他们的生活有什么不对劲儿。他们在摔倒时，或是面对狗的狂吠时，会一下子陷入恐慌。3岁的时候，他们很容易怕黑或者害怕陌生人。这些过分敏感、羞怯和胆小的孩子特别容易被电视新闻中的暴力所困扰。而另一个极端的孩子则会带着快乐而好奇的表情，径直走向陌生人、陌生的动物和陌生而轰鸣的机器。

一些孩子在童年中期甚至到了青少年时期都比较容易感到不安，一部关于怪物的电影会让他们担心好几个星期。如果他们偶尔在人群中与父母走散，可能会崩溃或者惊慌失措。听到电视里关于绑架儿童的案件，会让他们害怕遭遇同样的命运，他们会怀疑在街上看到的某个有些与众不同的男人是个绑架者。

孩子们看到暴力行为是否有害？他们的敏感是不是不正常？我相信我们有确凿证据说明，目睹暴力行为对孩子有两大伤害。第一，当大多数胆小的孩子被外部事件、场景或故事吓到时，会变得越来越胆怯并持续很长时间。第二，大部分对任何事都持中立态度的孩子会变得对暴力麻木不仁，他们会觉得那不是错误的，只是生活的一部分，这会为他们参与打架和对家人拳脚相加的行为开绿灯。那些不是在中规中矩或理想的家庭模式下长大的孩子，会受到电视剧中野蛮行为的影响而实施暴力犯罪行为，包括杀人。

让孩子避免受到暴力的影响

怎样才能避免让孩子受到新闻或电视剧中暴力内容的影响呢？如果一部剧作中不断出现暴力场面，我认为你应该平静而坚定地禁止孩子观看，每隔几天就要检查一下孩子是否遵守了这个规定。因为你不知道什么时候暴力镜头会出现，所以我想幼儿和学龄儿童应该被禁止看电视新闻，除了那些你认为有教育意义而且完全没有野蛮镜头的纪实节目。

你可能会反对，难道不应该鼓励孩子们关注新闻吗？我想应该鼓励青少年关注新闻，而低年龄的孩子极少有人会希望通过电视新闻来了解国家和世界。如果你有个确实对新闻很感兴趣的学龄孩子，这里有个折中的办法，就是让孩子和父母一起看新闻，这样做，如果暴力事件出现了，你可以通过解释消除一部分恐惧。比如告诉孩子，只有愚蠢疯狂的父母才会对他们的孩子施暴，这种说法尽管不够准确，但可以最直接明确地告诉孩子，正常父母不会突如其来地伤害他们的孩子。

如果我的孩子问我，他是否会被某个亲人所伤害时，我会毫不犹豫地告诉他："不会的，根本不可能。"

当孩子被任何可怕事件所困扰时，父母能做的最好的事情是鼓励他们说出他们看到了什么，他们认为这是什么原因引起的，他们在担心什么。最好先通过这种方式探究一下孩子头脑中的幻想和恐惧，这样你才会知道怎样去安抚他们。我这样说是因为善良的父母在对孩子害怕什么还不是太了解的情况下，常会很冲动地想让孩子迅速消除恐惧。这种匆忙草率的安抚通常达不到目的，孩子还是会为他那些尚未被处理的特定恐惧而担心。成人很难想象孩子真正担心的是什么，因为那也许会是非常不可思议的。

我想到一项关于焦虑儿童在想什么的研究，这些儿童在医院里等待做扁桃体切除手术，很多孩子以为这个手术是因为自己做错了事而受到的惩罚，他们太多次的嗓子疼痛都是因为天冷的时候他们不肯戴手套、穿外套或橡胶套鞋。一个女孩住院后被转到另一个病房，这让她陷入绝望，因为她担心出院的时候父母会找不到她；一个男孩认为在做扁桃体切除手术时，外科医生会在两耳之间切开他的喉咙，把脑袋翻到后面，就像打开咖啡壶盖子一样，然后在伤口中切掉扁桃体。在这样的情况下，承担主要安抚作用的父母如果不先去发现孩子到底害怕什么，恐怕很难帮助孩子摆脱这种焦虑。

电视新闻中矛盾冲突的危害之一是孩子们倾向于同情一场对抗中看似

受害者的一方，即使另一方并没有什么明显的暴力行为，比如，警察正在管理街上游行示威的拥挤人群，或是罢工女工正在执行纠察任务，警察试图控制她们，于是此时的“法律和规则”看上去有些暴力。

据统计，3/4的孩子看电视的时间正处于“黄金时间”，所以这个时间你要特别警惕孩子在看什么节目。为什么许多父母不仅允许孩子在电视上目睹暴力，还允许孩子看暴力电影？我这样问是因为我相信这种观看体验对孩子是有害的。

当我刚开始儿科医生实习的时候，我还不是这样认为的。一位反对暴力的妈妈对我表达她的忧虑，她认为让孩子玩枪和收听广播中的暴力节目（那时还没有电视），会让她的儿子变成一个麻木和残忍的人，我当时对这种观点是很不以为然的。我会解释说，玩暴力游戏是孩子在3～12岁成长过程中的一个正常阶段。

是什么事情第一次改变了我的看法呢？大约30年过去后，一个有经验的、成熟的护理学校教师告诉我说，在电视喜剧《活宝三人组》流行后不久，孩子们开始在并未受到挑衅的情况下也会互相击打。她去批评一个刚刚打了别人的孩子，那个受害者完全是无辜的，而这个打人者却表现得毫不后悔和漠不关心，而且还愤怒地说：“‘活宝三人组’就是这样做的。”这件令人寒心的事情让我猛然醒悟，儿童（特别是年幼的儿童）接受和模仿暴力行为与接受和模仿理想行为一样容易，在他们心目中，无论大人怎么做都是对的！

另一个关于童年学习暴力的例子，最近对虐待子女的家庭所做的调查显示：在大部分案例中，这些虐待孩子的父母自己在童年时也曾受到过虐待，正是从那时起，他们把虐待视为一种被允许的父母管教行为。

近年来，许多心理学研究和观察证明，毫无疑问，目睹暴力行为具有让人变得麻木不仁、冷酷无情的效果。对于麻木不仁，我指的是在富有同情心的、和善的家庭长大的孩子，当他们看到一个人对另一个人施暴的时候，第一反应是震惊和害怕，但是如果他们经常看到这类现象，就会逐渐习惯于这种可怕的事情并把它视为理所当然，正如反复接触暴力会使人变得麻木。

据统计，美国孩子在成年之前已在电视里看过18000起左右凶杀案，长远来看，那会产生出许多麻木和冷酷的情感。这并不意味着成长在良好家庭的孩子会通过看电视、看电影而变成一个暴徒恶棍，但是无论性格坚强还是温和，每个人都会被一点一点地改变，朝着麻木和粗鲁的方向改变。

有人对于电视暴力节目的影响做了透彻的分析研究，研究结果明确显示：观看暴力节目对孩子是有害的，美国公共卫生署也发布了类似的结论。

可是为什么那么多父母不顾这些结论和证据，仍然让自己的孩子观看暴力节目呢？这里一定有什么原因。也许有些父母没有听说过这些研究结果，还有的父母可能对这些研究结论持怀疑态度，因为他们并没有在孩子日常生活中看到其明显的变化，这是因为孩子对暴力行为敏感性降低和情感麻木是一个逐渐变化的过程。

但是，我估计更多的人只是因为怕麻烦才知难而退，因为那需要小心地监督孩子们观看电视，不是一两天或一两周，而是要无休止地和孩子辩论，孩子们会提出他们想要看电视的权利或优待，而父母不同意，一旦父母稍显犹豫，他们就会来软磨硬泡。

给父母的一些建议

现在我们该来问一问，父母怎样才能让孩子少受有害电影和电视节目的困扰呢？他们应该向当地电视台和电影院、网络、广告商施加压力，不仅仅是删掉暴力内容，而且要为孩子们提供富有挑战性、建设性和启发性的影视节目。

与此同时，父母对现存的暴力节目怎么办呢？他们应该绝对禁止孩子观看宣扬暴力、野蛮、色情的节目。首先，父母必须对孩子观看的节目保持敏锐的关注；第二，当父母禁止孩子看某一类节目时必须态度认真坚决，不能三天打鱼两天晒网，有时严格执行，有时却疏于关注，或者即使关注到了孩子在看不允许看的节目，也懒得和孩子争辩。

我深信，如果父母强烈感觉到某些东西对孩子有害，不妨准备一份禁令，当父母迟疑动摇，孩子们觉得有机可乘，以为吵闹、固执和偷偷摸摸可以达到目的时，很值得一试。

有些孩子知道父母什么时候容易被琐事缠住，无暇顾及他们，比如准备晚餐的时间正是某些被禁节目上演的时候，正好可以违禁；或者孩子把每天允许出去找朋友玩的时间特意定在流行节目开始的时候；或者“挂钥匙”的孩子在一些重要的时间里根本没有人监督，对于这样的孩子我们怎么办呢？我有一些建议如下。

如果父母受到孩子的尊重并对孩子有一定的约束力，他们的规则通常都应该能被遵守，即使父母不在场也是一样。但是一定要让孩子知道父母是认真的，例如：父母应该在准备晚餐的时候不时检查一下孩子在做什么，或者如果你猜测孩子可能在看电视的话，给家里打个电话。

对于电视卡通节目里的暴力，特别是周六早上的节目，还有漫画书中的暴力情节怎么办呢？我会让6岁以下的孩子远离这两类东西，因为这个年龄的孩子还不能清楚地区分假装的和真实的，假装的暴力看上去和真实事件一样可怕和野蛮。

六七岁以后，卡通片和漫画书对孩子的危害就会小一些，因为孩子能认识到这是艺术家创作出来的。但这并不是说这类东西就适合孩子们看，他们会把对卡通动物和漫画人物的粗暴行为当作一件可笑而不是可怕的事情来看，这同样会降低他们对暴力的敏感程度。

即使到了孩子6岁以后，我也会力劝父母禁止孩子观看有真人演员向另一个人施加暴力的影视节目，例如：让人窒息而死，猛烈击打他人的脸，把人打得不省人事，把人从高处推下来，用枪射击人的脑袋等。因为演员表演得如此真实，开始的时候，孩子们不可能不产生害怕的反应，然后渐渐就会理所当然地把这些暴力看作人类的普通行为了。

第二章
如何安排好家庭教养生活

家庭重要还是工作重要

家庭重要性的变化

我认为家庭对于美国人的重要性正被一点一点地、或微妙或明显地改变着，工作场所和学校的要求、过度的流动性、我们信奉的物质主义、淡化的宗教信仰等，这些只是变化中的很小一部分，它们牵动着联结几代人的纽带。例如：全家人一起坐下来吃晚餐这样一个简单的仪式，在许多家庭里都已经消失了；过度劳累的爸爸和妈妈几乎与孩子失去了亲密接触，夫妻之间也一样；家庭成员都忙于外面的活动而不再有时间互相关心。我担心，正因为如此，孩子们会觉得与父母的接触少了，并且最终降低他们的自信。

这一变化的原因是复杂的，但是我认为主要原因是许多美国父母把工作看得比他们的家庭更重要，我相信，这正是我们需要转变的想法。作为父母，我们必须把家庭放在第一位，并且要让我们的孩子认识到，他们比我们生活中任何事情都重要。

其实友情、社区活动和文化爱好都应该比工作享有更高的优先级，因为这些东西赋予了我们人性，并告诉我们的孩子什么是最重要的事情。我不打算来讨论爱因斯坦是否应该把他的工作放在第一位，但是我建议在生儿育女的日子里，父母们要把他们的事业转换为生活背景，而把家庭放在显著地位。我这样说说很容易，但是我想父母们必须弄清楚这样做需要做出什么样的牺牲，也许意味着过几年收入减少的生活，也许意味着暂时把事业上的某个目标和追求放一放。

如果父母最终做出经济上的牺牲，决定在家陪伴孩子，他们就应该从政府或他们的雇主那里获得补助金。如果父母不愿意照顾孩子而宁可花钱找人照顾孩子，那他们准是疯了。当然，我们大部分人还是不得不工作，而且大部分工作的父母所面临的严峻挑战是：怎样在工作期间为他们的孩子找到最好的照料者。

高质量的日托机构既昂贵又很难找到，婴幼儿护理工收入少得可怜，做这份工作也是让他们自己做出牺牲，需要提高他们的薪水，可是普通家庭的收入又难以承担更多的育儿支出，这就只能由政府和企业来支付，就像大多数欧洲国家所做的那样。

我们需要认识到，对一个国家来说，低质量的儿童日托是一种严重的损失，孩子会永远摆脱不了缺少亲切和理解的关爱给他们带来的影响。我想我们今天缺乏应有的高质量日托机构，会在下一代身上付出更大的代价，我们会在不安全感和犯罪行为方面付出代价。我们需要经过认真挑选和严格培训的保育员，这些保育员和专业人员需要了解，**孩子们最需要的不是监控和管教，而是激励和友善**。我们最希望吸引那些爱孩子的人来从事保育工作。

父母带给孩子的价值观

65年来，作为一个儿科医生，我目睹了美国家庭广泛深远的变化。最大的变化之一是，大约25%的美国家庭如今生活在65年前被认为是“非传统”的家庭中，包括单亲离异家庭、单亲未婚家庭、再婚家庭、未婚父母家庭、同性恋家庭以及任何你能想象到的家庭结构。

20世纪50年代的家庭是一种历史悠久的标准家庭模式，许多人至今还很难接受现在核心家庭已成为唯一的一种家庭组合，人们谈及家庭观念的时候总是被解读为传统的核心家庭。家庭成员的组成并不比父母带给孩子的价值观和抚养方式更重要。

如何在孩子面前明确你的态度

我所说的“父母的优柔寡断”已变成抚养孩子最常见的通病，许多父母在处理孩子的问题上缺少坚定性，同样重要的是，他们不愿意讨论和澄清类似人际关系和人生目标等这些重要问题的原则。

在一些父母看来，规则、纪律好像是无所谓的，要么当个讨厌的发号施令者，要么就让孩子说了算。但是还有另外一些可能性，要让孩子合作，你不需要僵硬死板，或严厉苛刻，或运用体罚，你可以是友好的、善解人意的。同时你还是一个足够明智的人，即使孩子吵闹，也知道什么时候该睡觉，什么时候该吃饭。坚定就是指你知道什么是对孩子有益的，并且坚持到底。父母应该提供清晰的指令，孩子需要了解父母对他们的期望。

怎样跟孩子谈性

当涉及对孩子进行性教育时，父母的角色就变得更困难了。在转向更开放地回答孩子的提问时，许多父母不太清楚怎样传达他们的性观念，而孩子们在媒体中听到或看到许多与性有关的内容，他们也不知道谁是正确的，什么是正确的。我想，性是可以讨论的事情，父母不需要吓唬孩子或者让他们对性有罪恶感，但是我相信，这是个有益健康的话题。从灌输罪恶感到把性当成一种自然本能，在这个转变过程中，我们仅仅是把它当成了一种解剖课或生理课来讲，只关注性的纯生物属性会让我们把性描绘成兔子都有的本能，但是人类的性行为是一件非常微妙、复杂而且拥有强大能量的事情。

从孩子很小的时候开始，父母就要努力对交流与性相关的问题持开放态度，并鼓励孩子提问。妈妈和爸爸不应该只把性当成生理知识来谈论，而是要告诉孩子，性与亲密感情的关系。它是人们希望结婚并养育一个好孩子的重要原因之一，性最重要的方面是它对我们的感情、文化和精神生活的贡献。因此当和孩子谈论性的时候，最应该强调的是彼此的相爱、奉献和强烈的亲情关系。

父母有信仰很重要

培养孩子的精神价值观和理想主义与促进孩子的身体健康同样重要。当我用“精神性”这个词时，我不只是在谈论宗教意义上的精神，而是我们可以为他人付出的仁慈、忠诚、爱心等这些在我们今天这个崇尚物质的文化中通常不够被重视的品质。

理想主义和精神价值观淡化的一个主要原因是，在过去的几个世纪里，科学在许多人的心目中取代了宗教，他们已经把科学当成了宗教和精神价值观的替代品，但是他们忘了，科学始终无法营建一条通往灵魂的道路。

当我还是个年轻人的时候，我认为有信仰并不比做一个体面的、受过良好教育的人更重要，现在早已不这样想了。我们是有信仰的物种，我们必须拥有精神追求，否则我们就会发现，我们把追求物质享受放在了第一位。

为孩子做出改变

现在的孩子通常被教育成相信他们来到这个世界只是为了出人头地，我也确实曾听到父母对孩子们说：“不要操心政治，不用担心战争与和平，也不必那么关心生命的意义，你的工作就是挣钱和出人头地。”所有这些的结果就是我们会忘记其他人的需要，就像我们会不那么关心所有孩子的幸福，也不会关心其他公共事务。

只要认真地和孩子谈一谈他关心的事情，就会让他知道别人很重视他。

如果孩子感觉自己受到重视，反过来，他就更有可能重视他人。通过增强他的自我意识，包括看到自己的父母参与学校或社区募捐活动、慈善事业、地方选举，他可能会更加关心、施予和帮助其他人。关键是父母要以身作则地提醒孩子，重要的不是你拥有什么，而是你为他人做了什么。

早育还是晚育

晚育的趋势

许多年前，当我开始儿科医生实习的时候，我听到妈妈们赞同这样的说法："最好还是在你年轻的时候生孩子，更有精力，与孩子的年龄更接近。"这听起来很明智，我也没有足够充分的相反经验去质疑她们，因为我早年在实习中接触到的大部分妈妈都是二十多岁。

那么大约到了30年后，我读到一本书，它是基于对家庭关系的广泛研究的，其中一章正好是关于比较20岁上下的年轻妈妈和三四十岁年纪较大的妈妈，这两个年龄组的妈妈在管理孩子方面的表现一般来说怎么样呢？总的来说，年纪较大的妈妈能够更轻松地管理时间和与孩子相处，她们当中大部分人显得更为善解人意、更有耐心、更宽容，妈妈们这种接纳孩子的态度一般来说会在孩子身上培养出更多的合作态度。另一方面，许多太年轻的妈妈则往往对孩子不够耐心、易怒，在这种情况下长大的孩子更有可能好争辩、不合作。我想强调的是，这只不过是大范围调查中显示出的一种倾向，还是有许多年轻妈妈在养育孩子方面做得非常好。

这让我想起，有一段时间我在一家专为十几岁未婚妈妈服务的小诊所里指导医学院学生。未婚妈妈里很多人都是用批判的语气来谈论宝宝的行为，我们会问："宝宝怎么样？"她们通常很不耐烦地回答说："他很坏。"最常见的解释是说宝宝太爱哭了，换句话说，这些妈妈不允许宝宝用哭的方式来表达他们的交流需要和感情。她们用道德标准来评判宝宝，而且相当严厉。

这与十几岁女孩爱挑剔她弟弟的态度很相似，当我问一个女孩她弟弟怎么样时，她很可能用一种厌恶的语气说：“呸！”意思是说他还是那么粗鲁，表现得像一个典型的10岁男孩，一点儿也不懂得生活的浪漫和优雅。

我相信，这种十几岁少女爱挑剔她的孩子或弟弟的天性，是因为她希望努力表现得像一个年轻妈妈，但是哭闹的宝宝和粗鲁的弟弟在潜意识中提醒她，她仍然是个孩子，这让她感到不快，这是原因之一。所以20岁上下的妈妈没有三十多岁的妈妈对孩子那样体谅和宽容。

近年来支持晚育的一个主要原因是，更多的年轻女性在大学毕业后选择正式开始她们的职业生涯，而不是像20世纪早期的女性那样考虑先找个丈夫并建立起一个家庭。这一现象的部分原因来自于1970年前后的妇女解放运动，这一运动强调了事业对女性的重要性，强调了女性与男性同工同酬并同样享有受尊敬的社会地位的权利。

平均结婚年龄也逐渐提高，这里大概有几方面原因：更高的受教育水平和职业追求对于女性的重要性日益增加，高效的避孕方法使保持性关系而不结婚成为可能，很多人结婚不久又马上离婚。当然，也有与主要趋势相反的案例，1970年以前也有晚育的人，1970年至今也有早婚早育非常成功的人。

早育和晚育的真正利弊

现在让我们来讨论早育和晚育的真正利弊，就像妈妈们向我们描述的那样。开始职业生涯并推迟生育最大的好处是，拥有认真严肃的职业抱负为女性提供了一个证明自己能够成功的机会。回顾20世纪上半叶，女孩和年轻女性通常被公开贬低，认为女性不具备做工程师、数学家、物理学家或经理人应有的素质（“太感性”是惴惴不安的男性最爱用的指责）。现在，大部分男性都不太好意思表达这种明显的偏见，但是仍有许多这种态度的残余在我们周围存在，逐渐破坏那些本来就不太自信的女性对自己的信心。建立一个牢固的职业基础，首先就能消除一些女性对自己的怀疑，而且良好的工作经验能让她在决定转向母亲身份时，放松地享受全身心与孩子在一起的时光。我曾被这样一种做母亲的强烈快乐所感动，一位妈妈不停地说自己从没有想到抚养孩子是这样的快乐和充实。

一位30岁之前还没有要第一个孩子的妈妈，通常会更早有机会去旅行、去经历、培养爱好、选修课程，所以，她不会觉得被剥夺了她所渴望的生活体验，而如果她刚20岁出头就有了孩子，然后继续往前走再去找一份工作，她的感觉就不一样了。

晚育的一个非常重要的理由是，男人女人可以有更多的机会成长，在某种意义上说可以在承担养育孩子的责任之前更了解自己，并且互相了解，互相适应，而且在大多数情况下，经济状况也更有保障。

晚育有什么缺点呢？在生理方面，随着年龄的增长，怀上的孩子患唐氏综合征（一种与染色体畸变相关的病症，伴随发育迟缓和失能）的风险会增加。在情感方面，迟来的第一个孩子会增加溺爱的诱惑，因为这个孩子被期待了许久，或者可能是不可替代的。但是这种倾向很容易被发现，而且也不难被克服。

平时有焦虑倾向的女性，如果她是在育龄晚期才生育第一个孩子，或者因为她在什么年龄都很难怀孕，或者有过多次流产经历，她就更有可能成为一个容易烦恼和过度保护的妈妈。所有这些情况都会让一位妈妈异常担心失去孩子，因为这个孩子是难以替代的。这种担心忧虑可能导致妈妈经常警告孩子，以避免摔跤、交通事故、感冒和其他传染病或者被绑架的危险，这些警告可能会让孩子也成为一个焦虑者，或者无视警告，成为一个愚蠢的冒险者。父母如果发现很难克服自己的焦虑，就应该寻求心理医生、家庭援助社会机构、精神健康专家的帮助。

一些高龄生育的父母会变得过分限制孩子正常的好动、吵闹和脏乱，如果父母通过自我观察和朋友们的提醒，怀疑自己太要求孩子顺从了，要求孩子从小就要像个成人，而不是承认孩子一定要生活在孩子的世界里，他们可以从孩子两三岁起，把孩子送到日托中心或学前班去（这对独生子女来说也是个不错的主意）。如果这不可能的话，父母也可以每周带孩子去几次儿童游乐场或其他小孩子集中的场所，看看其他父母对孩子的行为要求与自己有什么不同，比较其他父母的教育方法，比较孩子在与别人玩耍时的行为表现。如果这些努力都没有效果，父母应向咨询师寻求更多的帮助。

尽管晚育或早育都会带来不同的困难（或成功），但每一种困难本身都不足以推翻一对夫妻个人希望早育或是晚育的理由，任何明智的夫妻都可以成功地制订一个自己选择的生育时间表，或者顺其自然。

爱你的排行老二的孩子

影响孩子个性的因素

为了概括家中第二个孩子的个性风格，我写一写他们的一般情况和大多数老二的倾向，我当然并不是在描述所有的老二，也不是特指任何一个排行老二的孩子，因为尽管老大和老二的个性倾向常有鲜明对比，但也是有许多例外的。

除了在家中的排行之外，其他因素也会对个性产生重要影响。一是天生气质类型，即宝宝对于外界新环境和新刺激的行为反应特点。研究显示，宝宝出生时就具有明显的不同气质类型，这些区别常常会持续一生。比如活泼好动的宝宝与安静宝宝的对比，有的宝宝从小就是大胆的探险家和实验家，而另一类宝宝却会在准备好冒险进入新环境之前先观察，探清情况，审时度势。

当然，另一个因素是父母的个性和父母对每一个孩子的态度。一位亲切、热情的妈妈更容易从宝宝那里博得热诚的回应，一对含蓄的父母更容易培养出一个含蓄的孩子。而且，父母不会在面对两个不同的孩子时做出同样的表现。说到父母的类型，我们以爸爸为例，如果他希望有个可以和他打打闹闹的儿子，那么一个看上去太安静、太文雅的儿子就会让他觉得有点儿失望，少了些开朗直爽。有的父母对待女儿和对待儿子完全一样，有的父母对女儿和对儿子则完全不同。

孩子眼中的世界

现在我们已经准备好来讨论普通的排行老二的孩子，比如说他是个男孩。首先，我们来想想他眼中的世界是什么样子，他来到这个世界，这个家庭里可能有爸爸妈妈和一个比他年长的孩子，他很快开始认识到家里有两种明显的辈分区别：父母或成人长辈，他所属的孩子辈。顺便说的是，我经常着迷于婴儿对小孩和大人的准确区分能力。当另一个孩子，即使是不认识的孩子出现的时候，婴儿的脸上会立刻露出高兴的神色，全身扭动不安，就好像他预先知道他可以和这个孩子玩了。他也很喜欢大人，但是并没有对大人显示出这样的热情。

所以，这个孩子玩伴看上去更令他快乐，更有乐趣。作为天生喜欢快乐的婴儿，他会效仿比他年长的孩子。他认为："我们都是孩子，无忧无虑的孩子，和我们严肃的父母形成鲜明对比。"如果这个家里有第三个、第四个孩子，他们更容易和第二个孩子有相同的人格特质和态度。头生子女没有儿童玩伴可以相伴玩耍或是效仿，他只是这个家庭中的第三个成员，他以为自己和另外两个人属于同一种人，自己是一个小小成人。可能当他长到两三岁的时候，第二个孩子出现了，他的第一感觉不是"我们俩是这个家庭里的孩子"，相反他把这个新来的宝宝看作一个没有用的、爱发脾气的、穿着脏尿裤的婴儿，这更让他深信自己和新宝宝不属于同一类人，他不是一个大宝宝，而是一个小大人。他认同自己和父母是一类人，他会不屑地对妈妈说："瞧，他什么也不会做！他不会走路！他不会说话！他不会吃饭！他只会把事情搞得乱七八糟。"这不仅是他确信自己更像一个大人的根据，也帮助他在很大程度上减轻他对新宝宝的嫉妒，以显示自己是个多么能干、多么成熟的人，他不需要像个孩子那样和新宝宝竞争，因为他更像父母。

帮助第一个孩子克服嫉妒是非常重要的，一般来说，家庭中的第一个孩子会比后来的孩子感受到更多的嫉妒情绪，这是因为在他生命中的头几年，他一直独自享有父母的关爱，他以为这是自己永恒不变的特权。当第二个孩子降临的时候，他开始了解父母也会把关注和爱给予那个孩子，这让他感受到的震惊和背叛远甚于老二对第三个孩子到来的感受。

你可能会奇怪，为什么我要表明这样一个看法，老二效仿老大，把自己当成一个孩子，而老大却效仿他的父母，把自己当成一个小大人，我想，这就是为什么老二通常与老大有着不同的个性态度的一个主要原因。独生子女通常和第一个孩子一样，有着相似的理由效仿他们的父母和其他成人，尽管他们没有忍受第二个孩子降生带来的强烈嫉妒情绪的问题。

在我看来，大部分排行老二的孩子所具有的活泼外向的性格特点让他们易于与人交往，他能快速地、毫不费力地、快乐地交到朋友，这与排行老大的孩子形成鲜明对比。老大在接触其他陌生孩子时通常有些腼腆、感觉不自然，如果陌生孩子贪婪、粗暴无礼，或者只是不那么热诚的话，他们很容易觉得受到伤害。这在很大程度上是因为第一个孩子主要和父母或其他成人一起生活，他们对孩子一直体贴慈爱，充满深情。

排行老二的孩子遇到有些粗鲁但是同样渴望交朋友的孩子时，不会太在意对方的无礼行为，陌生孩子会被他的友善所征服。

老二与老大的竞争

老二不太可能像老大那样在学校里能获得好成绩，他们太热爱生活了，以至于根本不会为成绩而操心，成绩是父母关心的事情，至少开始时是这样。老二也不太可能像老大那样从事“助人专业”，比如教育、医疗、社会工作或护理等职业，这些专业的行为就像父母去帮助晚辈或是不幸的人。老二更有可能进入商界，竞争的快乐是其主要动机之一。老二更不太可能成为喜欢指挥别人的人，老大喜欢指挥别人是因为他们效仿父母，并且努力通过完全拒绝承认自己是个孩子来减轻与别的孩子竞争给他们带来的不良感受。一般来说，老二不像老大那么认真负责。

老二与老大的竞争通常表现为努力赶上老大，争取比老大做得更好。

如果老大把石头扔进湖中，老二会比老大扔得更多或更远。老二容易觉得老大更得父母的宠爱，尽管事实可能完全不是这样。老大与老二的竞争行为通常体现在对其刻薄、轻蔑和嘲讽，而老二也会对老三这样做。表面上看，你通常更清楚地看到老二对老大带有敌意的竞争，但是在更深层次上，这里还包含着对老大更强大、更聪明的杰出才能的强烈崇拜。

我听到过许多父母说，他们发现老二比老大更容易相处，他们觉得这很奇怪，因为他们觉得自己似乎更能理解也更自然地体谅老大。我对此的解释是，从老大出生时起，父母就与他建立了深刻的联结和认同，他们希望老大拥有所有父母已经具备或者期望具备的能力和品质，而对老二、老三则更乐意让他们做他们自己。

排行老二有什么特殊的问题吗？**我想老二相当普遍的问题是，他们有挫败感，并不仅仅因为认识到自己永远无法在年龄大小和发展阶段上追赶上老大，而且也无法在情感上成为父母的最爱。**这也许是事实，也许不是，老二很容易得出这样一个结论，是因为父母很自然地会授予最大的孩子更多的特权。

父母消减孩子这种挫败感的最好办法是认识到每一个孩子（像每一个成人一样）都希望感到自己是因独特个性而得到父母特别的爱。父母可以经常对他们所自我欣赏的身体、气质或社交能力等方面给予称赞，但是不要在孩子之间相互比较。父母可以偶尔给孩子一个特殊的优待或一次疯狂购物，或者也可以表现得有点儿多愁善感，但别太严肃地对孩子说：“你是我的宝贝，对吗？”

我知道有些排行老二的孩子在第三个孩子降生的时候感觉到压力，他们觉得他们永远也赶不上老大，而当老小的快乐又被老三偷走了。父母如果发现有迹象表明这是个问题，可以一方面时常允许老二像小宝宝那样受到娇宠，一方面也可以满怀理解地告诉他，父母知道他觉得难过和生气，因为他不能拥有做老大和老小的乐趣。把怨恨和不满开诚布公地表达出来是减少这种情绪的很有用的办法，它能让孩子打消疑虑，认识到父母理解他的不愉快和不愉快的原因。

我们可以发现，一般来说做老二的好处是善于交际、乐于竞争、不那么害羞拘谨；另一方面，老二不太可能成为优等生，或者从事助人专业。如果父母很看重这些的话，要有思想准备。世界需要拥有各种各样性格特点的人，所以老大、老二都是有用之才！我建议，父母要乐于接受孩子身上任何宝贵的个性特质，只要孩子自己也乐于如此。

如何向孩子表达爱

潜意识中的联想

“我觉得有负疚感，因为我爱大卫比爱其他两个孩子少一些。他9岁了，是最大的孩子。他经常让我生气，我发现自己经常批评他、唠叨他。在某种程度上，我觉得自己最理解他，而且我认为他也理解我，也许这就是我们互相激怒的原因。我一直想变得更有耐心，也确实希望自己能做到，但是每当我把目光停留在他身上的时候，我总能发现些需要批评的地方。有时他会公开指责我不爱他，这让我感到很难过。他也会去烦他的爸爸，但是不像来烦我这么多。”

首先我想说的是，从信中提供的证据来看，我不相信这位妈妈爱他的大儿子比爱别的孩子少，是爱的感觉和行为的差别构成了父母爱的方式，我非常肯定这位妈妈有足够的爱。我猜想她会为这个孩子付出与其他孩子同样多的牺牲，甚至她会冲进燃烧的房子去解救这个孩子。如果这个孩子得了一种严重的慢性病，她也会没日没夜地、一心一意地照顾他。如果孩子在青春期或成年时陷入严重的麻烦，她也绝不会背弃孩子。

那么，是什么让父母和某个孩子的关系搞僵了呢？通常是一种潜意识中的联想，让父母回到自己的童年经历，眼前的孩子可能在潜意识中让父母想起一个更受父母宠爱的弟弟，或是想起爸爸的麻木、迟钝和不公平，或者妈妈可能觉得还没有完全准备好就孕育了这个孩子。类似上述相关的原因使父母从孩子婴儿时起就对他缺乏耐心，于是孩子也以对妈妈缺少亲密依恋的方式来回应，不太合作，比较烦人，这些特点被父母认为是天生的，并为自己的易怒提供充分的理由。

所以，父母的不耐烦是基于潜意识中联想到自己的童年经历，可能正是这些小原因使得孩子不太好相处，而根本不是像父母所想的对孩子缺乏足够的爱那么严重。父母轻微的烦躁易怒都会让孩子感到紧张，让孩子变得不太合作，不像一般孩子那样容易相处，这会进一步加剧父母的不宽容、不耐烦。表面上看这足以让父母产生负疚感，父母以为这是因为自己缺少爱，反过来，负疚感又导致父母容易忽略孩子的一个又一个错误行为，迟早父母勉强的耐心会崩溃而发怒，这种情绪的突然爆发会给父母更大的负疚感。

于是，父母和这个孩子的生活变成了反复发作的急躁和责骂，一顿应得的责骂之后孩子的表现会好上几个小时，但是父母的负疚感又激发孩子再次去测试他们的底线。更稳定的亲子关系与此区别在于，**父母首先不能对自己的急躁易怒缺乏自觉控制，孩子享受到温暖的亲子关系才能变得合作、可爱，并在大多数时候注意遵守规则，所以，父母也就不需要那么经常地产生愤怒或负疚感。**

摆脱急躁易怒的亲子关系

父母怎样从急躁易怒的亲子关系中摆脱出来呢？第一个办法，是要认识到问题的原因并不是自己对孩子缺少爱，以此来减轻一部分负疚感。

第二个办法，在争吵、暴怒和事后安静下来之后，父母要和孩子做一次坦率的、私人之间的谈话，而不是父母的训话。它应该包含以下一些内容：“我很抱歉对你发脾气，我非常爱你，希望和你相处得更好，但是你知道，我很容易对你发火，也许这是因为我们太相像了。另一个原因是，当我还是一个小孩子的时候，我总是对我弟弟生气，因为我父母更宠爱他。你看上去很像他，也许我是因为这个才对你发火。”

这样做应该能够改善你和他的关系，让他知道你关心他、爱他，并希望你们的关系能变得更好，要不时地变化着重复这样的谈话，承认你自己的错误，但是也要让孩子明白他的错误，这样做是为了让孩子感觉你更友好、更愿意与你合作，而不是让他觉得自己罪有应得。

第三个办法，是试着弄明白最开始的时候你们是怎么把关系搞僵的。顺便说一下，这几个办法并不互相排斥。

如果你自己弄不明白，或是与配偶及某位知晓其中细节的朋友坦率讨论之后，还是弄不明白怎么回事，那么找一位专业的咨询师定期去做咨询应该比较有帮助。通常情况下，与其通过咨询师的洞察力来理解你自己的问题，不如找一位充满同情心的倾听者去倾诉你的问题，这对你更有帮助。

婚姻美满更能教育好孩子

婚姻的长久维持

“他们相爱了，结婚了，从此过上了幸福的生活。”童话故事里是这样说的。许多美国的年轻人以为这样的结局也会在他们的生活里发生，他们相爱并无忧无虑地步入婚姻的殿堂。然而，在美国每两对夫妻中就有一对最终离婚，离婚率是世界上最高的。是什么地方出了问题呢？

在统计数据中可以发现一些线索，新婚夫妇的年龄越小，婚姻持续下去的可能性也越小。高中生们因为渴望成为班里第一个结婚的人而迫不及待地毕业，显然他们的年纪并不够大，也不够成熟，还不了解伴侣的长期需求是什么。事实上，在这个情感和社会性还在快速变化的年龄阶段里，他们中大部分人几乎还不了解自己，过一天算一天，或者也不知道自己必须给予伴侣什么。最令人激动的爱情关系中的元素就是性饥渴，在这个年龄的大部分人中，性满足和令人迷醉的痴情的感觉在爱情中是首要因素。他们是爱上了爱情。几个月后发现，他们认为自己看到的亲密爱人身上的优秀品质其实是错觉，而彼此隐藏起来的不那么吸引人的品质，或是对方不想让自己看到的品质逐渐浮出水面。

能让爱情关系长久维持的品质通常在成长过程中来得稍晚一些，比如宽宏大量、对他人的情感和需要敏感体贴、对利益的分享、为共同目标而奉献，无论这个目标是存钱还是生个孩子。

我觉得，在今天整体悲观的背景下有两个好兆头，一是许多年轻人现在都等到快30岁甚至30出头才结婚；二是许多相信彼此相爱的人在二十多岁的时候选择同居，看看两个人的关系随着时间的推移是增强还是变淡（我不是暗示这样的安排对所有年轻人或他们的父母来说都是可以接受的，我并不支持在青少年时期同居）。

另有数据说，农村夫妇比城市居民婚姻维持得更好，我猜测这里有个原因是农村夫妇长年累月为了共同的事业辛苦工作，彼此亲近，尽管他们从事的活动可能不一样。而大部分城市夫妻每天各忙各的，无论是两个人都在外工作，还是有一个待在家里，他们的职业目标都是不同的。

孩子期待美满的婚姻家庭生活

我的印象中，大多数美国孩子从小到大都觉得他们有权享有生活中的一切好东西，同时不需要承担什么责任。在圣诞节和生日里得到一大堆玩具；在相应的年龄得到三轮车、自行车和摩托车；大量的零花钱；如果父母买得起的话，16岁就能得到小汽车；或者如果他们需要自己挣钱买车的话，毕业后就能拥有一份高薪的工作。我们把这些都看成是理所应当的，但是这些可能远远超出其他国家年轻人的期望，更重要的是，其他国家的年轻人是在一种坚定的信念下被培养长大，他们毕生都非常感恩于自己的大家庭、自己的国家和自己的宗教信仰。

从某种程度上讲，期待一份美满的婚姻家庭生活是孩子们与生俱来的权利，正如我在高中学生的态度里观察到的那样。如果婚姻让他们失望，他们就会认为自己碰到了一笔坏生意。我想，或许对大多数人来说一份美满的婚姻不是一份礼物，而是一种必须付出努力的关系，自始至终贯穿一生，就像在花园里不断地耕耘。

我认为父母从孩子婴儿时起就一定要开始传达给孩子这样的情感，他们来到这个世界不是只为了满足自己的愿望，尽管就其本身而言那是一个好目标，而是要关心他人，与他人共同合作，以满足家庭和外部世界的需要。这对你来说听起来并不像是为婚姻所做的准备，但是一份美满婚姻的基础，或者其他亲密关系的基础，就是对他人的情感和需要有敏感的认识，有承担责任的准备。

对一个两岁的孩子，不需要通过责骂来阻止他对新宝宝、小伙伴或宠物的粗暴行为，只要父母示范给他怎样轻轻地拍打或拥抱亲吻别的宝宝或小动物就可以了，3~5岁的宝宝可以要求他们做些日常家务，比如布置餐桌、擦干盘子等，然后对他们的帮忙大加称赞。整个童年里，我想可以试一试，把孩子们在圣诞节和生日里通常十分关注的为自己贪婪采购的计划，换成周到体贴地赠予他人礼物和自制贺卡，不再玩的玩具可以修好并捐赠给慈善机构。上学以后，孩子听到父母讨论当地、国家和世界问题的可行的解决办法，这是有好处的，父母要是在董事会或委员会中任职，为社区服务，那就更好了。或者他们可以参与一些团体，致力于公众事业的改善。

我认为当孩子开始谈论朋友和他们自己的约会时，父母可以给他们一些非正式的但很现实的意见：开始去寻找那个正确的人有多么难；欺骗自己是多么容易；有多少婚姻解体了（给夫妻双方和孩子带来深深的痛苦）；好的婚姻是怎样通过双方付出足够的时间和机会，在各种情境下互相了解才能实现，而不是靠运气和魔法；还有，结婚后两个人怎样去理解对方，给对方快乐。

我自己倾向于和十几岁的孩子讨论他们没有提出来的问题，即关于纯洁与性行为。我同意性冲动和对于性的好奇心在十几岁的时候是很强烈的，但是同时也有人不愿意进一步尝试性体验，希望等到结婚再开始，特别是那些在具有崇高理想的家庭中长大的孩子。一部分本能的性冲动得到了升华（重新定向）而转向写作、阅读文学作品和诗歌、进行其他艺术创作和欣赏，努力给世界带来和平与公正。事实上，历史上许多最有创造性的人在青少年时期对性是非常害羞的（但丁就是典型的例子，他从素不相识的少女碧翠丝身上得到灵感，写出了世界上最伟大的诗篇）。然而，在青少年后期及成年早期，这些含蓄的年轻人就完全能够表达和享受性爱了。因此，含蓄的年轻人不用担心自己是不是正常，也不必把鲁莽朋友的嘲讽当真，在整个性成熟的阶段里，他们只要等待，直到他们觉得准备好了。这样，他们会拥有更多的东西奉献给自己的婚姻和事业。

对一位妈妈来说，女儿早早和人约会、受人青睐，是一件令人兴奋的事情，这很自然。但是妈妈这种表现可能会怂恿孩子过早地对性解禁，并且在她明白什么是爱情之前就为男孩和约会竞争。

如果你觉得孩子正以太快的速度奔向婚姻，或者遇到了不合适的结婚对象，你能做什么呢？你不能做的一件事就是让自尊心很强的青少年承认自己犯了错误，同时你要知道，年轻恋人经常会私奔。我想你最好请求他们推迟结婚，至少要等他们经过一年或更长时间互相了解之后。同时，我强烈反对贬低孩子所爱的人。我记得我年轻的时候顽固地黏着一个女孩不放长达两年之久，就是因为我妈妈认为她和我不般配。我会试着在表面上显得很喜欢孩子所爱的这个人，邀请她或他经常到家里来，或者去露营及旅行就更好了，没有什么比这样的机会更能彻底暴露一个人的懒惰、自私和无能了。

父母以身作则比说教更能影响青少年对于美满婚姻的认识，几乎所有父母都吵过架，那没什么丢脸的，但是，对配偶侮辱嘲笑，还是即使有不同意见也彼此尊重，这两者之间有巨大差别。

无论如何，吵架并不是主要问题。当你和你的配偶彼此相爱并打算结婚时，你们大多数时候会互相取悦，彼此认真倾听，寻求一致意见，发现对方值得赞美的地方，温柔地说话，经常用身体上的小动作表达感情。一旦结了婚，就会在许多情况下不自觉地倾向于变成一种沉闷乏味、冷淡疏远的态度。**父母应当记住，早在3岁的时候，孩子就会学到父母之间互相对待的态度，并影响到他们将来成年后与人交往和在婚姻中的行为方式。**

说得更确切一些，小男孩会通过尽可能地模仿他所崇拜的父亲的行为，来建立自己在未来婚姻中以及其他所有活动中的理想行为模式，他们通过爱自己的妈妈、观察妈妈，来塑造自己心目中理想女性的形象。女孩则会认真观察她们的妈妈，学习她们将来要成为的一个女人、一个妻子和一位妈妈的角色，并打算要与像她们爸爸一样的男人结婚。认识到父母有这么大影响力，这真是挺让人害怕的。

所以，保持愉快、浪漫和彼此尊重的态度不只对孩子未来的婚姻有好处，而且对父母当下的生活也大有好处。

怎样做好单亲父母

孩子既需要妈妈也需要爸爸

怎样才能做成功的单亲父母呢？这个问题之所以重要，是因为现在这样的家庭越来越多了。当然，数量最多的是单亲妈妈家庭，她们或是离异，或是被抛弃，或是丈夫已去世。但是，近年来一些法院也愿意把监护权判给有能力抚养孩子的爸爸。此外，有数量相对较少但正在不断增长的女性，选择独自抚养或领养孩子，而不需要配偶。

如果我们先想一想双亲家庭中的孩子能从父母那里得到什么，就可以得到有关单亲抚养孩子的一些线索。

一般来说，孩子既需要妈妈也需要爸爸，一部分原因是他们从婴儿时起就和父母在一起，与父母二人建立了深厚的感情依恋，可以看到有多少孩子乞求离婚的父母复合。孩子也迫切希望得到其他孩子所拥有的东西，如一台电脑、一种新款娃娃，或是父母双全。

让我们回到孤儿院去看看那些被忽视或被抛弃的孩子，你会发现那些从未见过父母的孩子也会渴望得到父母之爱。他们会在自己的想象中，以及参照其他见过或喜欢的各种成人形象，创造出自己父母的样子，比如：孤儿院职工，还有来探望其他孩子的父母。这样的孩子会非常详细地向你描述他们想象中父母的样子，告诉你他们怎样经常来看他，他们带来多么棒的礼物，他们很快就会把自己从孤儿院接回可爱的家中。

生活在双亲家庭的男孩和女孩通过效仿他们的同性别父母，来学习男人和女人的思维方式、感觉和行为举止，特别是3～6岁的孩子。男孩会接受他爸爸说话的方式，并被爸爸的兴趣所吸引，当他和姐妹们玩“过家家”游戏时，他会假装自己是个爸爸，并一本正经地“在家里”或“在工厂”扮演爸爸的角色，他在自己学习做一个男人、一个负责任的工人、一位丈夫和一位爸爸。

如果不局限于表面现象，你就会看到男孩也在某些方面效仿他的妈妈。我肯定，我成为一名儿科医生的部分原因是我和妈妈一样喜欢小宝宝，我很乐意给我的弟弟妹妹用奶瓶喂奶，为他们换尿布。也有人明智地认为，从某种程度上讲，男孩偏向于效仿妈妈会让他更能理解女孩和女人的感受，包括他未来的妻子。

小男孩与妈妈建立联结的第二个重要方式，是对妈妈产生一种强烈的“浪漫”依恋，他会在3～4岁的时候宣布长大了要和妈妈结婚！年幼无知的他并不知道这种想法是不妥当的，但是从出生开始他就和妈妈建立了亲密依恋的关系，所以，当他3岁左右对浪漫和性产生兴趣时，比如在游戏中扮演爸爸妈妈生孩子，他会很自然地把目标转向他最熟悉、最喜爱的异性，妈妈就成了他的理想女性；妈妈的体貌特征和情感特征都会对他爱上什么样的女性、和什么样的女性结婚有一定影响，而且父母之间的关系也会影响到他的婚姻关系。

女孩最初的情感行为模式是效仿妈妈的，像一个女人、妻子、妈妈和家庭以外的职业女性，但是女孩也和男孩一样需要一个有爱心、体贴呵护她的爸爸，因为女孩将通过对爸爸的某种尊重和认同而在自己的性格中建立起某种品质。比如，也许她下定决心从事爸爸的职业，无论遇到多大的障碍。从更普遍的意义上来说，女孩通过对爸爸的效仿学到一些对异性的洞察力和学习怎样与异性相处（否则她们可能会发现现实中男性的表现要奇怪和难以理解得多）。小女孩也会对爸爸产生正常的“浪漫”依恋，特别是在3～6岁年龄段，这对女孩将来建立健康的异性关系也十分重要，不光是指恋人，也包括异性朋友、工作伙伴。

所以，双亲家庭中的男孩女孩是以爸爸妈妈为榜样来树立人生的重要理想，这个榜样会影响他们的一生。

直到现在，我都一直在讲，**孩子们只是从对自己父母的效仿和依恋中，学会他们的言行模式并得到人生启示**。原生家庭中的父母当然是最重要的（在离异家庭中亲生父母定期打来的电话也很重要），特别是在养成习惯的学前期。在所有家庭中，随着孩子的成长，了解家庭以外的世界，并开始希望保持独立，他们就会受到老师、领导和英雄人物的影响，他们也会对这些人产生依恋并效仿他们。

如果与父母相距遥远或者无法联系，孩子会本能地把感情转向一个友好而关心自己的替代者，如祖父母、叔叔、阿姨、堂（表）兄弟姐妹、家庭的朋友、老师或是家庭教师，以满足他们对缺席父母的需要。孩子不可能去效仿一个不关心自己的人。我的一位同事在第二次世界大战期间离家两年，在一所军队医院工作，我还记得，他4岁的女儿在我到她家给她看病时，扑进我的怀里不肯让我离开。

离婚后的监护权和抚养责任

毫无疑问，许多人物传记也证明了这一点，单亲家庭中的孩子也可以成长为具有良好适应能力的、成功的人，因为他们能有办法适应不在一起生活的父母或父母的替代者。在这种家庭背景下导致成功或失败的因素是什么呢？（为了便于表达，我会假设孩子主要是与妈妈生活在一起，尽管现在有一小部分父亲被赋予监护权，在这种情况下妈妈有探视权。我所说的单亲包括这两种情况。）

我们先来说说这样一种情况，离婚后的爸爸在探视权允许的范围内，愉快地承担起对孩子的责任。特别是如果爸爸能定期来看望孩子，或是通过信件、特殊时刻的礼物和电话等其他方式与他们保持联系，那么虽然不和爸爸住在一起，孩子也能从爸爸那里得到许多关爱。妈妈保证孩子享受到爸爸的关爱最有效而且相对简单的方式，就是鼓励孩子和爸爸相见并保持联系。

最好的安排是父母都享有监护权和抚养责任，孩子可以定期在双方家里居住较长时间，那么爸爸就不会觉得太被疏远，但是联合监护需要父母双方都具有非常合作的态度。其次最好的安排是妈妈拥有监护权，爸爸拥有定期探视的权利。但是，这样做通常的结果是，爸爸渐渐忽视了他的探视权和其他与孩子联系的方式，因为他觉得自己对孩子不再有持续的爱的关系，妈妈从不询问或采纳他关于孩子的照料、教育、露营等生活的建议，孩子也不再征求他的意见和许可，他们不再把他当成一个爸爸来对待，夺去了他作为爸爸的感觉。他觉得妈妈利用他探视的机会责备他并惩罚他的小过失（通过限制探视），说他接孩子迟了，或是送回晚了，让孩子吃垃圾食品了，或是睡得太晚让孩子感冒了，或者是怪他没有按时给孩子抚养费。

所以，妈妈的一个重要责任是促进孩子和爸爸之间的联系，尽量忽略爸爸的错误。当爸爸出现在她家里的时候，尽量亲切地或者至少是礼貌地对待他，偶尔问一问他的意见和建议（比如：关于孩子参加露营、体检或看牙医等问题），为了孩子也要对他好一点，因为这对于保持他对孩子的关心非常重要。

如果男孩和他爸爸之间没有任何联系，也没有任何记忆，那么，孩子对于爸爸的认识基本上取决于妈妈怎么谈论他的爸爸以及妈妈对男人的态度。如果妈妈谈及爸爸的优秀品质和对儿子的爱，并对大多数男人表示尊重，这个男孩就会对爸爸的形象赋予积极的认同。但是如果她总是把前夫说成一个卑鄙的家伙，就会给这个男孩以糟糕的榜样，因为他可能会认为自己也是半个卑鄙的家伙。如果妈妈在言谈举止中表现出仇恨和鄙视所有的男人，她就会给她的女儿和儿子塑造一种被贬低的男人的形象。她可能会培养出一个怀疑和冷淡男人的女儿，也可能培养出一个对男人着迷的女儿，但是这些男人对她的吸引力都不可靠，她毫不自知地沉迷于那些外表卑劣、不忠诚的无能之辈，或其他任何她的妈妈曾关注的男人。

许多离异女性都会大声抱怨前夫说：“他就是一个残酷的人！”或者说他是一个花花公子、一个没有能力养家的人，这也许准确表达了她的感受，但是她没有考虑到在孩子的心目中要为爸爸保留一个良好的形象，为了孩子，妈妈应该这样做。为了给孩子展示正确的图景，妈妈需要付出巨大努力，想一想那些曾经的幸福时光，告诉孩子当初是什么让自己爱上了他的爸爸，爸爸是多么爱他的孩子并以他们为荣。

孩子与爸爸的联系越少，与其他友好的、关心他们的男人建立联系就越加重要，那些看上去对他们漠不关心的男人是没有用的。祖父、叔叔、堂（表）哥、男老师、夏令营辅导员、童子军教练、体育教练、主日学校老师、牧师、店老板、零售商或是邻家的大男孩，都可能成为一个符合孩子要求的甚至有激励作用的父亲形象，就像许多成功人士的传记中所描写的那样。同样，一位女性亲眷、家人的好友、老师或是体育教练都可以为孩子充当一个母亲的形象。

妈妈能不能在儿子或女儿与替补父亲形象之间创造联系呢？我会说她可以创造可能性，那将取决于巧妙的尝试和因人而异的性格。如果她看到孩子对一位亲戚、老师或是老朋友有好感，可以告诉那个人他多么受孩子欢迎，并告诉对方自己特别高兴，因为孩子非常想念他们离去的爸爸。如果这个人看上去很高兴但是并没有进一步行动，她可以邀请他来家里吃饭，如果他有家庭的话，可以请他和家人一起来。如果对方是亲戚也许可以表达得更直接。这些做法应该能促进对方至少表现出一些小小的友好行为，这对孩子来说却非常重要。举例来说，在我青年和成年时期，我总是穿一身带白色条纹的蓝色套装，因为我早年喜欢的一位慈爱的老师兼教练就经常穿着那样一件衣服。妈妈也可以建议孩子加入童子军，参加体操班、游泳班或是少年棒球队，尤其是听说某位教练深受孩子爱戴时。她还可以把孩子送去参加夏令营。

妈妈（爸爸）的再婚

妈妈要是去和一个男人约会，孩子会有什么样的感受呢？如果这个男人要和妈妈结婚，那他当然很重要，但是那恐怕还有很长一段路要走，同时也有几点需要注意。大部分孩子很多年来一直在期望父母有朝一日能够重新生活在一起，所以，当妈妈（或爸爸）有苗头将要进入另一段亲密关系时，许多孩子会觉得这是不忠的行为，这也是父母在孩子面前的表现要放慢脚步的原因。他们迟早应该知道妈妈会和男朋友举行订婚晚宴，但是妈妈可以等一等，先邀请男人来家里和孩子们一起吃饭，直到发现这个人能让她很骄傲地介绍给孩子们。她可以避免轻易向男人表达感情，直到孩子们认识了他并暗示出对他的喜爱。直到这种亲密关系发展了很长时间并且孩子参与进来之前，她不应该请他在家里过夜，或是透露出自己曾和他在外面过夜。

我所说的关于妈妈不要过快进入另一段亲密关系的做法，也同样适用于爸爸。给予父母双方这个建议是明智的，因为对当事人来说，炫耀自己的绯闻是对离婚带给他们的痛苦、羞辱和中伤的一种正常心理反应，就像要证明除了彼此关系不成功之外，自己还是很有魅力的。

如果妈妈真的爱上了一个人并且考虑和他结婚，她就应该听听孩子们怎么评价这个男人，告诉他们自己正在考虑结婚的事情，希望听听他们的意见。但这并不意味着她应该把婚姻的投票权交给孩子，许多孩子原来是喜欢妈妈这个男朋友的，但是一旦意识到这个人可能成为他们的继父，就会变成怀疑、嫉妒和敌视。实际上，他们可能需要花上几年的时间来接受这个现实。明智的做法是，在结婚前后，夫妻双方都要鼓励孩子表达他们对父母和继父母的真实感受。

一些单身妈妈曾经用同样的话问过我一个让她们焦虑的问题：“我怎么才能既成为一个好妈妈，也成为一个好爸爸，特别是对我的儿子？”我想这里有三种误解：一是认为妈妈也必须像个爸爸，例如，教孩子怎么踢足球，或是从男人的角度对一个青少年谈论性问题。二是男孩必须从父母那里学习这些知识。三是女人和男人对于生活的认识完全不同，而且对异性一无所知。妈妈不需要成为儿子的体育教练，他可以跟学校的教练和其他男孩学得更好。她了解足够多的男女对于性的观点，可以和儿子谈论并回答他的问题，许多妈妈比爸爸更能很好地和儿子谈论性问题，因为众所周知，大部分男人都羞于和回避做这个工作。

我曾经解释过，男人和女人对于彼此的想法和感觉并不是一无所知，在两性之间有大量明显的跨性别的直觉本能，有些个体表现得更明显，有些不那么明显，这是从童年早期对异性父母的效仿中学到的。所以，妈妈不用强迫自己去做儿子的爸爸，在孩子的成长中，她们会做出比爸爸更重要的贡献。

妈妈不应该为了给孩子找一个爸爸而再婚，那只是附带发生的结果，她的再婚应该只是因为她深深爱上了这个男人，而且坚信他可以做一个好丈夫。对爸爸的再婚来说也是一样。那么，这对新父母迟早都会被孩子接纳，成为一个好继父、好继母。

继父继母与孩子的关系

孩子们的敌意

多年以前，我写过一篇关于继父母问题的文章，当时我自认为里面有许多高明之处。但是，当我成为一位11岁女孩的继父之后，我发现我其实一点儿都不了解该怎么做。我带着沮丧和不快去见了一位对这类问题有独到研究的咨询师，她给了我信心和希望。她说如果我认为自己可以在一两年内被继子女所接受，那我就是生活在幻想之中，所以我不必把失败全部归咎于自己。我安下心来着手解决问题，定期接受家庭治疗的帮助。由于这个问题日渐普遍，这方面的书和文章越来越多，我从大量阅读中也获得了许多深刻见解。随着过去15年来离婚率的成倍上升，我们当中有更多人成为继父继母，这已并不让人感到惊讶了。

首先我会斗胆指出，人们一般只要提到再婚家庭，就会觉得这种继父继母与继子女之间是难以相处的，他们会互相怨恨对方，许多童话故事和小说中的反面人物都是邪恶的继母或残忍的继父，这不是偶然的，对身在其中的孩子们来说，不管继父继母的真实人品如何，他们就是这样认为的。因为在父母离婚或其中一位去世之后，孩子已把自己和身边这位亲妈或亲爸的关系视为密不可分，而继父继母则是一个闯入者。孩子们并不喜欢这个外来者，也不允许这个闯入者承担起一部分亲生父母关心孩子的责任，所以这激起继父继母强烈的嫉妒和不满。为了证明自己有理，孩子就必定会夸大继父继母的缺点并无视他们好的一面。

毫无疑问我现在关注的就是消极的那一面。幼小的孩子有时候确实会恳求他们的父母再婚，而且可能对继父继母相当热情，但是在表面现象的背后，却潜藏着转为痛苦的可能。

孩子们表现出来的敌意包括：不友好、不合作和言行粗鲁，这些迟早会闹得继父继母不得安宁，即使他们真的是那种特别体谅孩子、特别有耐心的父母，最终也会生气和否定孩子，也许会大发雷霆。于是，孩子就认为这恰好证明了继父继母对自己怀有敌意，他们本来就打算相信这种最坏的情况，这让他们觉得自己有理由表现得更恶劣。

继父继母会责备孩子的亲生父母教育出品行如此恶劣的孩子，并不断要求纠正孩子的行为，于是，孩子会认为继父母在试图让亲生父母与自己作对，而亲生父母觉得自己要崩溃了，无论向着哪一方都会伤害另一方。

在我自己做继父的经历中，金吉尔从7岁时父母离婚到11岁时我走进她的视野，她在很大程度上独享妈妈的爱，没有什么竞争对手。玛丽和我是在加利福尼亚一次会议上一见钟情的，她生活在那里。所以，在金吉尔有机会见到我之前，我们已经在一定程度上确定了关系，金吉尔从一开始就有被剥夺了参与选择的感觉。

后来，在玛丽和我彼此热恋时，对金吉尔的感情关注得太少了，玛丽来维尔京群岛看我，以便我们能够更好地相互了解，并且也看看她是否愿意生活在一条帆船上。因为自从我以一个医学院教授的身份退休后，我就住在一条帆船上，每年冬天到维尔京群岛，夏天到迈阿密。玛丽前两次来维尔京群岛的时候，把金吉尔托付给好朋友照看，但是据说她很不高兴也不听话，所以，第三次旅行我们邀请了金吉尔和一位朋友。金吉尔对我很冷淡，还有一次她的过分无礼让我的愤怒爆发了。

随着金吉尔渐渐长大，胆子也大起来，特别是当我们的言行让她觉得我们不爱她，觉得自己被忽视和被抛弃的时候，她会指责我们。我们当然也会为对她的忽视和迟钝感到内疚，但是我并不认为事实全像金吉尔自己单方面感觉到的那样。

当我和玛丽在相识10个月后准备结婚时，金吉尔请求我们把住处安在阿肯色州，这里是她成长的地方，是她成为父母双方家庭中第一个孙女的地方，也是她爸爸生活的地方。我们同意把家安在阿肯色州，金吉尔和她爸爸也同意在每年我们乘船出海的几个月里他们俩住在一起。但是一年后房子建成的时候，她爸爸改了主意，希望金吉尔要么全年和他住，要么一天也不要和他住。于是，金吉尔只好春天和秋天的时候和我们一起住在阿肯色州，圣诞节和春假期间跟我们一起航海到维尔京群岛。开始她极为固执地拒绝和我们一起去迈阿密，因为她曾在那儿和我有过很不友好且令人寒心的记忆。一年之后，她同意去了，在迈阿密海边和一个舞蹈团还有朋友们一起度过了一段美好时光，只是还不愿意和我们一起坐船，除非我们向她施加压力。

我们带金吉尔去苏联参加了一次国际儿童营和儿童节活动，我受邀在那里考察儿童保健工作，还有的夏天我们带她去萨尔茨堡、巴黎和东京，我在那些地方做演讲。其他时间当我和玛丽出海航行的时候，金吉尔就和她在阿肯色州的朋友住在一起，但那终归不是个理想的解决办法。

一年夏天，我们答应了金吉尔的请求，7月份的时候待在阿肯色州而没有去迈阿密，但是她几乎所有的时间都和朋友住在城外，尽管我们极力建议，她还是不肯请朋友到我们所住的湖边来。我们很少见到她，真后悔决定待在那里。

我应该放弃几年的航海生活吗？它已经是一个严重的情感剥夺，我不能肯定它是否已经对我们亲子关系的基础产生了影响。如果我不放弃航海生活的话，我可能会更愤怒。

咨询师可能对金吉尔有帮助，但她是极不情愿去的，她坚持认为不是她需要咨询师，言外之意都是玛丽和我的错，是我们觉得她需要咨询她才肯去。

在我看来，在最初的三四年里，金吉尔极少正眼看我或和我说话。当她从学校放学回家时，她会冲过客厅径直回到自己的房间里，根本不和我说一句话，瞟都不瞟我一眼。我会向她说“你好”，但是听不到她的回应。有一次我向她指出这个问题，她回答说："我说了你好，但是声音太小了你听不见。"当她上学错过公交车时，我会开车送她去学校，我想和她聊一聊，但是她除了含含糊糊地回应"是"或"不"之外根本不吃我这一套。一年里有一两次我会发作，会对她吼："金吉尔，我25岁的时候就已经和成千上万的人成了朋友，但是没有一个人像你这么无礼。"我想，那一刻我在她脸上看到了淡淡的胜利的微笑。

好像我除了不被接受以外，没有遇到太多的麻烦似的，那我就通过罗列我对金吉尔的批评和试图纠正的行为，把我的问题掺和到一起给你们看看。她把炸鸡用手撕成小块，把手指浸到肉汁汤里（玛丽确信她这样做是为了嘲弄我）；她绝对不肯戴我为她做的矫正牙齿用的套子；她把她的房间搞得乱七八糟；每天早上把她的洗脸毛巾丢在湿透的洗脸池里，无论我和她说多少次，这样毛巾干不了还会发霉。

我越是沮丧，越是忍不住要去批评她。比如，对来访的朋友不够体贴周到，或是用不规范的语法表达方式说话。

金吉尔和玛丽原来的生活十分节俭，但是我们结婚以后，金吉尔经常会在饭店里点牛排和龙虾，每个月她会很快花光她足够多的零花钱，到最好的服装店买衣服，然后再请求借钱给她。我觉得自己像个笨蛋一样被她耍着，但是每当我表示抗议的时候，她会冷冷地问我是不是挣不了那么多钱。

金吉尔告诉我们她朋友的爸爸是多么豪爽大方地给他的女儿买衣服和汽车，她的意思指我们至少应该像人家那样大方，而对我们已经为她所做的一切视而不见，这一点每次都让我愤怒。

金吉尔高二时学业情况很糟糕，不可能达到大学的录取标准进入大学读书。因此，我们违背她的意愿送她去寄宿学校。没想到她在那儿过得很快乐，实际上在新学校里，她在男孩女孩中都很受欢迎，学业成绩上也有了很大进步。但是，她像她爸爸一样不顾事实地认为，我们送她去寄宿学校只是因为我们想摆脱她，她爸爸也上过寄宿学校并且很喜欢寄宿学校的生活，而且我也能证明寄宿学校的生活是我青少年时期最快乐的一段日子。

我觉得在所有这些争执过程中，金吉尔都成了胜利者，因为我从没能用我的理由说服她。事实上，我的努力看上去只是让她进一步确信我的卑鄙。

我经常希望玛丽能严厉谴责金吉尔，可是她不愿意做任何让金吉尔觉得她是站在我一边和她作对的事情。玛丽对朋友说，她的胳膊都要被我和金吉尔拉脱臼了。但玛丽满怀同情地倾听我的抱怨，这让我感觉非常安慰。

最终，金吉尔和我在大多数时间里还是成了好朋友，我们是怎么做到的呢？第一个因素是时间——要有三四年的痛苦关系，到第五年时逐渐改善。但金吉尔也是从一直依赖她妈妈逐渐转变为要求独立的，所以我对她的威胁越来越小，我想我们也逐渐理解彼此的恐惧，并认识到我们可以独立生存。

当金吉尔和玛丽发生争执的时候，我有时会站在金吉尔一边，这对改善我们的关系很有帮助。她现在有时和人提到我时会说我是她爸爸，这让我心里很温暖，这并不是说我想取代她的亲生父亲。但是有时候当我们讨论到我们原来的关系时，她和我的回忆仍然很不一样，你会觉得我们在谈论的是两个完全不同的家庭。

孩子期待更多的接纳

在回忆中，我认为当我意识到并且控制住自己，避免去批评金吉尔的时候，我们的关系会暂时缓和一些。所有写文章谈及再婚家庭亲子关系的专家都认为，继父母不要急于成为纪律约束者，否则只会让孩子认为“你不是我的亲生父母，我不需要听你的话”。但是，那并不意味着继父母只能接受孩子的恶习，只是在你承担父母责任对孩子进行管教之前，孩子应该得到更多的接纳。

再婚家庭的问题比我所关注的这些还要多得多。在有些情况下，夫妻双方都是带着孩子组建成一个新家庭的，双方的孩子既要与各自的继父继母和睦相处，也要彼此和睦相处；夫妻双方与前夫前妻的关系也经常会在探视权和钱的问题上充满没完没了的冲突；不同年龄、不同气质类型的孩子会对上述问题有不同的反应。

祖父祖母有多重要

祖父祖母是父母的后援

父母当然是孩子最重要的亲人，非常典型的例子是，在孩子遇到真实事件，比如自然灾害，或者只是在想象当中遇到危险时，他们会表达对失去父母的恐惧，他们会说：“如果我爸爸妈妈死了，谁会来照顾我呢？”

但是祖父母能给他们提供什么特殊的东西吗？我想是的。首先，我们能感觉到孩子们把自己的身心安全完全依赖于成人，他们把所有亲人都当成是父母的后援，我听到孩子们在和朋友聊天时历数他们的亲戚：“我有两个奶奶，还有爷爷，还有五个叔叔、五个阿姨和九个兄弟姐妹。”我想孩子们是觉得祖父母比叔叔阿姨能给他们更多的安全感，因为后者通常都有自己的孩子，那些孩子比他们更有优先权。

当然，祖父母也和其他年龄的人一样有着各种各样的性格，也许还会更复杂，他们受孩子欢迎的程度是不一样的。一些祖父母对孩子们制造的杂乱和噪声变得忍无可忍，我的两位六十来岁的祖母就是这样，她们穿着用鲸鱼骨支撑起来的黑色带蕾丝的裙子，高领上也带着蕾丝。她们的面部表情就让人觉得她们不喜欢你，我们这些孙子辈的孩子在她们面前要绝对安静、礼貌，否则她们就会崩溃。现在像她们那样脆弱的人倒不多，但是仍有不少祖父母和孩子在一起待一两个小时就会厌倦和急躁。

另外，也有一些祖父母远比当年做父母时更加喜欢孩子。很多人问我：“为什么我在自己孩子小的时候，没能和他们相处得这么好呢？”我相信主要原因是父母天生具有的责任感，要对孩子的健康、安全、良好的行为和性格负责任，他们不得已要不断地唠叨这些话："穿上你的外套，外面冷。""过马路小心点。""对詹金斯太太说谢谢。""你必须告诉我实话。"

当你做了祖父母，你可以享受到孩子表现良好时父母的骄傲和快乐，而不必对孩子的日常行为和品质负责。而且，作为祖父母你可以在高兴的时候和孩子待在一起，而当你待够了或是觉得孩子们太气人了，通常可以把他们还给父母。

我很清楚地记得，在我孩子小的时候，我因公出差不得不离家几天，我是多么想念他们，想念他们的可爱，而且扪心自问：为什么我和他们在一起的时候，我总是不耐烦地批评他们？我下定决心以后要在家里停止唠叨并且对孩子表现出更多的认可。但是，只要我回到家里，我又想不断监视和批评他们了。我不是说我一直在指责孩子，而是和他们在一起的时候，我没有表现出足够的欣赏和快乐。毫无疑问，孩子们对亲切热情的认可是非常敏感的，并会因此而心花怒放。

祖父母溺爱孩子的倾向

另一个极端是祖父母溺爱孩子的倾向，给他们过多的礼物、款待或特权，让他们做了许多错事却侥幸免受惩罚。**我认为祖父母偶尔的放纵不会对孩子产生什么严重的害处，孩子的调整能力很强，他们可以调整自己去适应一个宽厚仁慈的祖父母或是一位严厉的老师，而一点儿也不会把这些与实现父母对他们的期望相混淆。**（同样，他们也知道怎样和管教方法有分歧的父母相处，只有当父母一方允许孩子与另一方相对抗的时候，这才会成为一个问题。）

溺爱会引起麻烦，如果祖父母定期来与小家庭生活在一起，经常给予孩子他们父母不允许的特权，或者否定父母对孩子的教导，或者当着孩子的面批评父母对孩子的管教。这些行为对祖父母一方来说，并不是一种简单的出于仁慈而纵容孩子的倾向，而是公开反映了祖父母和父母之间的矛盾，不恰当地把问题聚焦于孩子身上。

孩子身边拥有慈爱的祖父母或其他亲人的好处之一，就是当父母拒绝孩子或是以某种方式惩罚孩子，看上去不太公平的时候，孩子可以从祖父母那里得到安慰，只要对孩子说“奶奶知道你有多难过，但是妈妈非常爱你”就可以了。祖父母不需要和父母抢夺管教权，那就干涉得太多了，也不需要去强化父母的纪律规则，只需要对孩子表达同情。

祖父母比父母对孩子放纵得多，这只会让父母很恼火，这是一回事；而当祖父母明显更严厉，想惩罚孩子或以别的方式对孩子怀有敌意时，这又是另外一回事。我想父母不能默许祖父母伤害和威吓他们的孩子，这是对的。通常他们可以坚定一致地告诉祖父母，这不是他们的教育方法，并且希望不要再继续如此。如果这还不管用，他们还可以请祖父母回自己家去并暂停他们来看望孩子，这就够了。更温和的办法是，他们仍然可以去祖父母家做短暂探访，不要待太长时间，以免祖父母与孩子发生纠纷。

大胆沟通，保持距离

如果祖父母和儿孙住在一起或住在附近，经常会过多干预并在孩子面前批评父母对孩子的管教，这会让父母发疯的，特别是当他们还年轻并且觉得自己还生活在父母的控制之下时。那该怎么办呢？父母要通过协商统一思想，并向祖父母表达他们的观点，这很重要。因为有时候父母中作为祖父母儿女的一方，会和祖父母站在一起反对另一方，这会给婚姻关系带来难以承受的压力。父母一方或者最好是双方可以具体说说自己觉得什么地方有问题，他们希望怎样处理，不需要用一种愤怒和否定的态度来表达。不过，父母通常是内心感到气愤，却不敢和在家中处于主导地位的祖父母去大胆沟通。其实，如果父母能表现得坚定而平静，会比激动地指责更能让祖父母有所触动。

我在许多家庭中看到，孩子的父母爱自己的父母，但在对待孩子的方式上却不能达成一致。例如，祖父母坚持催促或强迫喂食，或者胳肢孩子让孩子笑得歇斯底里，或者在游乐场里，孩子想去游乐器械上玩，他们却坚持让孩子坐在身边，或者用妖怪故事吓唬孩子。有的老人就是学不会新观念，这是事实，如果父母认识到这一点，不管付出多少耐心去解释，也会毫无收获。他们要么必须容忍祖父母的错误做法，如果那些行为看来对孩子危害不太大的话；要么必须和祖父母保持距离，只有父母在场时祖父母才可以短暂来访。

一位疼爱孩子的祖母，对于因离婚、疾病或死亡失去妈妈，而和爸爸生活在一起的孩子尤为重要；同样，一位祖父对与单亲妈妈一起生活的孩子也起着重要作用。即使和父母生活在一起的孩子，拥有一份对祖父母的依恋也是很有价值的，对那些失去父母一方的孩子就更加重要了。

如果祖父母来问我的建议，我会说：充分享受儿孙的乐趣，尽量不要做那些干扰他们父母的事情，无论你多么相信自己，可以讨论不同意见，但是要尊重他们，因为父母有最终决定权。不要给孩子太多的礼物和对他们说太多话，最能让孩子们爱上你的方式，是你认真倾听他们的故事，对他们所说的话表现出感兴趣。如果你能够不加否定地倾听，孩子们会喜欢和你说更多的话，他们的故事和评论也是非常有趣的。

与干涉过多的祖母相处的技巧

爱唱反调的祖母

首先，我要说的是我所认识的大部分祖母是明智的、得体的和有帮助的，能给一位没有经验的妈妈提供所需要的建议、帮助和安慰。

但是也有一些干涉过多的祖母，不会等着别人来征求她的意见，她会对每一项有关孩子照料的问题提建议，她所有的建议都与妈妈正在做的事情唱反调。一些祖母什么事都要出主意，她们武断地说“你应该……”或者“你不应该……”。

从我开始儿科医生实习到现在，关于祖母批评年轻妈妈的那些事，我有50年的记忆清单。举例来说，一位妈妈知道许多宝宝衣服穿得过多（确实如此），而她自己则倾向于应穿得单薄些，没有什么比看到孙子穿得或盖得不够多而更让祖母担心的了，这会让她发狂。我记得有一位绝望的外祖母写信给我，要求我给她女儿写信，告诉她一定要在寒冷的冬天给孩子穿上暖和的儿童防雪衣。如果有个从没有见过她的孩子、也没见过那些防雪衣的人写信给这位妈妈，我可以想象她的惊讶。

20世纪40年代，儿科医生建议的婴儿哺乳时间表从绝对刻板转变为弹性灵活，并鼓励妈妈让宝宝自己决定每次吃多少。这让祖母感到十分焦虑，她们一直被教导要执行严格的哺乳时间，这些顽固保守的人禁不住一起来谴责那些影响她们女儿的新学说，说那些东西看上去一片混乱。

过去40年，在儿科实践中还有一些观念的转变曾让祖母们焦虑，并且激起那些专横者不断去骚扰妈妈们。例如，婴儿用的橡皮或塑料奶嘴可以作为解除宝宝焦虑不安和避免吸吮手指的一种安慰物，这让一些人感到不安。橡皮奶嘴以前是被当成“肮脏和令人厌恶”的东西，并且直到观念转变之后很久还有许多祖母仍是这样认为的。

如厕训练以前是在宝宝1～2岁的时候大力实行的，后来发现等到宝宝3岁时再训练更为明智，那时宝宝自己会有所行动。但是对许多祖母来说，这种做法却是忽视了健康和好习惯的培养。

切除腺样体和扁桃体的风俗最终被抛弃，此前手术的理由是这些腺体肿大，使孩子频繁感冒、食欲不振、体重增长缓慢和做噩梦，这些理由太牵强了。但是许多祖母（包括我的妈妈）认为这是可悲的倒退。

我在上面列举了一些由于儿童保健观念变化导致祖母焦虑的普遍原因，当然还有大量个体自身原因引起的焦虑和冲突。例如，医生已向妈妈保证孩子出的疹子很轻微，不必担心，而祖母仍然不放心；1岁以内宝宝的呼吸噪声听上去挺吓人，医生解释这是正常现象，对孩子没有危害，但是祖母还是希望得到更多的咨询；有的宝宝坐、走等身体机能发展比一般宝宝略迟一些，但是他们的智力和社会性发展却比同龄孩子要超前，他们的祖母有可能不断地强调父母要关注孩子的行为表现，她们认为这表明孩子智力发育落后，这会破坏父母相信孩子正常的信心，这对父母来说太难接受了。

焦虑让祖母想控制孩子的妈妈

是什么让祖母们这么想控制孩子的妈妈呢？首先是焦虑，她们怕年轻妈妈不懂怎么带孩子，不放心比自己年轻得多的医生能否胜任诊断和处理孩子的情况，或者担心妈妈没有把宝宝的情况准确地汇报给医生。

如果你能够追踪到祖母儿时的性格，你可能会发现她是个爱焦虑的人，她试图用武断来打消焦虑。我猜想，如果回到她的童年早期，在她1～2岁的时候，作为一个独立的个体，她初次尝试建立自我意识，而她的妈妈，也是一个独断专行的人，本能地企图通过控制她来阻止她独立自主。人在各个年龄段的独立意识如果得不到正常发展，这对孩子来说是一种潜在的焦虑，这让她从童年后期或成年期开始变得固执己见。所以，专横跋扈的人害怕被人控制，这是始于童年早期并会代代相传下去的。

干涉过多的祖母如果从女儿童年早期开始就控制她，削弱她的自信，问题就会变得更加严重，她的女儿长大后对自己的能力缺乏自信，无法做出明智的决定，更重要的是，没有能力去反抗她的妈妈。她怨恨这种控制，发誓要抵抗它，但是年轻时她太胆怯了而没有成功。她所能做的最多是和她丈夫或朋友打打赌，偶尔气急了也会在她妈妈面前爆发。但是妈妈对她这种“无礼”和“不知感恩”非常愤怒，使得年轻妈妈又重新回到她的控制之下。我记得非常清楚的一个案例，祖母至少每隔一天就要给这位妈妈打电话，问：“你们今天晚上吃什么呀？”妈妈知道她问话的真正意图，但是不敢回避，回答说：“腌牛肉和卷心菜。”祖母会立刻说：“太好了，我晚上会过去。”于是，整个晚上祖母都会在女儿家里或直接或委婉地评头论足。

控制欲强的祖母本能地指望妈妈对自己顺从，祖母教训她的时候，妈妈即使不高兴也得听着，如果妈妈反驳的话，祖母就会用急躁而不是自信的态度去压制她，好像被人冒犯了一样。如果年轻妈妈用她更难接受的态度，突然怒气爆发，表现得太直接的话，祖母又会觉得自己很失败。这样一来可能会让祖母安静一会儿，也许不能，但是妈妈能够再次感觉到来自祖母的压力。

避免和忽略祖母的干涉

这个问题很棘手，但是也有一些避开的办法。一是年轻父母把家搬得远一些，这可能只解决一部分问题，因为祖母可能还会每一两天打个电话，以求充分了解宝宝的情况并给予指导。

对妈妈来说，更积极的办法是练习反抗祖母。最好是有个咨询师的帮助，可以是一位家庭扶助机构的社会工作者，也可以是一位儿科医生或家庭医生，一位精神科医生或心理学家，一位有丰富咨询经验的牧师，或是一位聪明的朋友。

妈妈要练习的是怎样在发怒之前避免和忽略祖母的干涉。要避开祖母对宝宝健康问题或日常照料的干涉，最简单的办法是像下面所说的那样，高高兴兴地拿医生当挡箭牌："我给詹克斯医生看过了宝宝的疹子，她说这是正常的，不会有事，过几天会自己消失的，不需要做任何治疗。""詹克斯医生说宝宝对睡眠的时间需要因人而异，她认为不需要因为睡眠少而给宝宝吃药。"然后，如果祖母仍不放弃这个话题，妈妈已经回答过了，可以表现出有些厌倦或心不在焉的样子，并转换话题。换句话说，她要努力避免再次落入圈套，不要略带怒气或声音略高地去重复她的回答。给祖母的信息是："我不需要再做一次咨询，我对宝宝的情况并不担心，事实上，我有点儿烦了。"

这个办法需要练习许多次，开始的时候也会多次失败，但是，我想这是个有用的办法。

给妈妈的另一个办法是与祖母进行一次坦率的对话，告诉她自己的感觉，如果觉得祖母对宝宝的管理表现出太多的怀疑，需要指出这是妈妈的宝宝，父母觉得自己是负责任的，对自己照料宝宝的工作也很满意。所有迹象表明宝宝长得很好，妈妈希望祖母收回自己的怀疑和批评。但是，用这种方式让祖母接受批评比用第一种方式需要更大的勇气。

当你学会了怎样在感情上保护自己，怎样反对干涉过多的祖母之后，每当祖母焦急忧虑而你能够实事求是地回答她时，你可能反而会希望她来质疑你。我这么说可能让你觉得有点儿奇怪，这是因为，当你最终克服了你对批评的敏感，并不再因受制于人而感到软弱无力时，你就不再害怕祖母了。总之，她不能把宝宝从你身边带走，她不能在身体上伤害你，她也不可能去权威部门告你。

爸爸在冲突中的角色

爸爸在这种冲突中扮演什么角色呢？他应该始终站在妈妈的身后或身边，安慰鼓励她，肯定她做得非常好，祖母是完全错误的。而且，他在抵抗祖母干涉的时候和妈妈的作用同样重要，不论他们用有些厌烦的方式还是坦率讨论的办法与祖母沟通。即使他认为祖母的一两次批评是对的，他也不应该在祖母面前承认，而是当他和妻子单独在一起的时候再表达自己的看法。因为祖母会过度使用爸爸给她的任何支持，这是不公平的。

爸爸作为丈夫，对妻子的支持应该更加有力。因为干涉过多型的祖母很可能在拥有孙辈之前就试图插手儿子和儿媳之间的事情，她暗示或者干脆直接说，儿媳配不上她的儿子。所以，爸爸必须提防他妈妈试图把他拉到自己一边。

当孩子长大一些后会有另外的问题，祖母会觉得由于父母管教不当，孩子行为不端，如磨磨蹭蹭地服从，不体谅他人，经常搞破坏或行为无礼。我想，父母可以并且应该向孩子解释，祖母对于爱护财物、行为礼貌、控制吵闹等方面是比较挑剔的，我们在她家里的时候必须适应她的要求，无论是成人还是孩子。

除了这个建议之外，如果祖母还发现有什么事情需要批评的话，我建议父母要温和地道歉，然后缩短在祖母家驻留的时间。如果孩子确实比较过分，并且有希望改变祖母态度的话，作为父母，我倾向于私下里赞成祖母对孩子的批评，既可以不伤害孩子，也有助于缓和祖母的态度。

如果在父母对孩子和祖母都做了工作的情况下，去看望祖母仍是件痛苦的事情，那么可以减少拜访的频率，缩短拜访的时间。

度假要不要带孩子

妈妈渴望休假

父母怎么度过假期有很多种不同的选择，因为经济原因，许多人从来没有享受过假期，另一些人不管去哪儿度假都带上孩子，因为没有人能帮他们照料孩子，或者父母认为一家人无论在家里还是在假期里都应该在一起。所以，父母不带孩子出行让人感觉有点儿奢侈，只有那些收入宽裕的父母才能享受，或者慷慨的祖父母愿意提供资助请人照顾孩子（或有能力并愿意在他们父母离开的时候照顾他们）。

我没法想象孩子被留在家里的情况对他们有什么好处，我不认为他们能在一星期的分离中获得重要的独立性，年幼的有依赖性的孩子会持续担心，年长的独立的孩子已经能够面对这样的分离。（如果经济上可以承受的话，一次4～8周的夏令营对孩子来说则会不同，它能帮助一个依赖性强的孩子变得独立，只要他克服最初一周的想家情绪。夏令营是一种全新的生活，让孩子迎接挑战，成为一个新的、长大的人。）

另一方面，享受一周离开孩子、只与丈夫在一起的假期，对操劳过度的妈妈（也包括没有操劳过度的妈妈）来说是一件大有好处的事情，前提是她要安排好对宝宝的照顾，如果安排不好，她在离开宝宝的时候就会总是担心。事实上，什么情况下她都会担心，这是做个负责任的妈妈所要付出的代价之一。

这可能听上去有些奇怪，以我做儿科医生的经验，我相信在第一个宝宝两三个月大时，是妈妈最渴望有个假期的时候。在孩子出生之前，他们还毫无经验去为一个不会说话只会哭的、完全弱小无助的生命负责，对新父母来说，宝宝似乎大部分时间不是哭就是闹。最近，我两次去看望我的一对新生龙凤孙（一个男孩和一个女孩），并自告奋勇值夜班，以便让他们的父母能好好休息一下。他们提醒我这是一个多么让人精疲力尽的任务。当然，对于双胞胎来说，这个问题更加明显，他们看来好像过不了几分钟就会此起彼伏地啼哭、哼唧、尖叫、全身较劲儿，不断地需要喂奶。实际上，两个宝宝很健康，体重增长也很快，每个宝宝睡眠的时间也很长。我所说的是没有经验的父母（或祖父母）的感受，他们觉得必须始终保持警觉，不仅是在宝宝不断有需求的时候，即使是宝宝睡着的时候也得时刻准备着。

双胞胎的经历让我回想起在做儿科实习医生的日子里，我看到一些刚刚做父母的人想逃离孩子的愿望如此强烈，他们还给出一些站不住脚的理由。我不是在说那些认真负责并严于律己的父母，而是在说缺少责任感的那些人。一位妈妈认真地解释说她突然中断母乳喂养，是因为这样她和丈夫就可以去大学参加他们的校友返校活动；另一位妈妈给宝宝断奶的理由是，这样她就可以去芝加哥买婴儿家具，因为“大家都知道，在这个城市里几乎没有什么选择的余地”。

孩子的分离焦虑

最重要的事情是，父母能不能冒着3岁以下孩子产生分离焦虑的危险，不带孩子去度假呢？我们可以看到在1岁半到2岁9个月的孩子中分离焦虑最明显。当妈妈决定接受全职工作，或者因为自己的妈妈突然得了重病，从城外打来电话叫她去照顾，她只能把孩子交给一位不熟悉的保姆。妈妈不在的时候，孩子表现很好，无论是一天还是两个星期。事实上，他更多是在压抑着自己的情绪，比和妈妈在一起的任何时候“表现都好”，他被妈妈的消失深深困扰着。但是在这个年龄，孩子在妈妈离开时的焦虑表现为顺从，只有当妈妈返回家中时，真正的情感才会爆发出来。孩子冲向妈妈并紧紧贴在妈妈身上，如果妈妈进入另一个房间，他会跳起来大哭并跟着她；如果保姆走近，他会无礼地命令她走开或把她推开；当天晚上妈妈想把他放进小床里时他会黏着妈妈，死死抓住妈妈不放；如果妈妈掰开他的手让自己脱身，他会毫不犹豫地跃过小床一侧床栏追着妈妈到门口，尽管他以前从没有这么做过；如果妈妈能让他待在小床里，他可能也是睡眼惺忪地坐着，坐上一夜。这种情况可能会持续几周到几个月。

偶尔因为生病，分离可能持续比较长的时间。当一个孩子因为急病在医院里住了几个星期，或是孩子得了慢性病，父母只能每周来探视，探视期间孩子就会假装不认识父母，以此责怪他们。

分离焦虑的治疗方法对父母来说是痛苦的，他们必须在很长一段时间内避免离开孩子，必须在黑暗中坐在孩子的小床边直到他睡熟。开始的时候，这需要花上几个小时。

防病胜于治病，如果家庭能够负担的话，我想，雇用一位固定保姆或亲戚是明智之举。从婴儿时期开始，一个月来几次，这时父母就可以外出看电影、去餐厅或去看望朋友，这样从一开始孩子就知道，除了父母之外还会有别人好好照顾他，而且父母总是要回家的。

如果妈妈知道自己要去工作或者度假，而孩子还没有固定的保姆，她可以雇一个全天保姆，至少要比与孩子分离提前几个星期，和父母交接一段时间。开始时，这位保姆只是必须在场，然后渐渐为孩子做得更多，当孩子接受她时，妈妈可以消失，开始是一小时，然后再延长时间。

如果家里有个大一点儿的孩子，或者妈妈走后爸爸还在家里，分离焦虑就容易减轻许多。

在1岁半以前，孩子对于与妈妈突然分离的反应并不表现为特别的焦虑，而是更像某种压力：他看上去很悲伤、比平时更爱哭，食欲不佳，但是不能只是因为这些反应比较容易对付，而认为这对孩子安全感的伤害也小。

在四五个月之前，宝宝不会把给他递奶瓶、换尿布的固定照料者（妈妈、爸爸、固定保姆）和其他人区分得很清楚。通过对婴儿非常仔细的研究，我们能够发现这么小月龄的宝宝对不同人的反应也是有一些细微差别的。但是，分离对于5个月以下的宝宝会有什么影响，我们所知道的还比较少，但我们不能说是无害的。

3岁以上的孩子很容易用语言去安抚，而且他们的时间感也强多了。当妈妈解释她和爸爸要去海边休息几天时，妈妈走了以后，祖母或保姆解释说妈妈和爸爸三天以后回来时，这些话都会在孩子的心里构建一幅清晰的画面，他会提问题来完善这幅画面，为自己特别焦虑的事情找答案。即使到了3岁或3岁以上，孩子被留在家里时，也需要有一位他们喜欢和熟悉的保姆来陪伴。

对父母度假的建议

我想你能猜到我会怎么建议父母，有关度假时把孩子留在家里的问题，如果孩子在3岁或3岁以上，我会鼓励父母独自去度假，除非有什么特殊的情况。我会建议给孩子1～2周的思想准备时间，这样他可以提问题。

在3个月到3岁之间，我会警告父母分离焦虑的风险，特别是当家里没有另一个大孩子、一位经常照料孩子的家庭保姆时。总之，如果父母想要冒这个风险，我会强烈建议请一位保姆，至少在父母离家前两个星期住到家里来，在孩子接受她的时候，渐渐接管孩子，并延长妈妈外出的时间。

在3个月之前，宝宝还不太能清楚地区分熟悉和不熟悉的照料者，当妈妈觉得特别希望出去几天时，我会鼓励她出去，特别是有一个固定的照料者代替其照顾孩子时。如果没有固定保姆或亲戚，我建议要在妈妈离家前几天有一段交接时间。

在比较容易受伤害的3个月到3岁期间有一个折中的方案，就是带上孩子或小宝宝去度假。但是对许多妈妈来说，这将很难保证度假的质量。即使在度假的地方有保姆，要想让小孩子这么快熟悉一个人，时间可能太短了，而陌生的地方会让孩子觉得不太安全。带一位熟悉的保姆或熟悉的祖父母同行会是个很好的办法，但这会花更多的钱。如果爸爸妈妈非常渴望到一个自己喜欢的地方去度假，他们愿意始终带着孩子，或者轮流度假，这当然好。不过，这是另外一个话题，而不是“不带孩子的假期”了。

如何让孩子轻松度过节假日

受节日综合征影响的孩子

节日通常对全家人来说都是欢乐的日子，不光是这个节日本身的快乐，而且包括提前许多天的期盼、回想起一些重要的往事、有趣的小插曲、意外的惊喜和精美的礼物。

但是以我做过孩子、父母、祖父母和儿科医生的经验来看，节日也容易产生一些紧张压力，特别是6岁以下的孩子，尤其是圣诞节、犹太人光明节这些需要送礼物的节日，会刺激得孩子兴奋不已，贪得无厌，这种状态可能在节日里变得更加强烈，迟早孩子会感到紧张疲惫，并通过发脾气释放出来。

我指出的特别容易受节日综合征影响的孩子年龄并不严谨，显然不同年龄段的孩子在成熟度上都有明显差异，所以这个年龄只是粗略的平均标准，父母了解自己孩子的敏感度，不必太拘泥于我的判断。

我建议让节日过得不那么紧张，并不是要主张父母独断专行。你可能想不遗余力地、冒着疲劳过度的风险让孩子过一个快乐的节日，然而，作为父母如果你确实想在孩子节日和生日的兴奋程度以及礼物数量上加以限制，你也不必觉得自己小气和为此内疚，年幼的孩子毕竟不知道你为他们省去或推迟了什么赏心乐事。

节日体验中的问题

让我们以圣诞节为例，开始探讨太多新的节日体验中的问题。许多父母如此慷慨以至于他们不能忍受省去任何与节日相关的节目——《胡桃夹子》芭蕾舞剧、亨德尔的《弥赛亚》、一出圣诞剧和圣诞颂歌。如果你问孩子们是否喜欢去看演出，他们肯定会兴高采烈地说“是”，但是这里还是有一些问题，特别是5岁以下的孩子，当他们被挤在比平时拥挤许多的人流中时会觉得茫然和疲倦。

年幼的孩子注意力时间较短，对音乐会、完整的芭蕾剧这样长时间的演出会感到厌倦。我记得我带6岁的孙女去看《弥赛亚》，当她开始觉得无聊并且不停地去踢前面的成人座椅后背时，搞得我十分尴尬。我觉得公共演出每隔一天看一场就足够了，如果孩子能否乖乖看演出还是个问题，那就最好推迟到明年再带他去吧。

其次儿童焦虑也是个问题。我认为迪士尼卡通片和华纳兄弟公司出品的片子可能比较适合父母带孩子去看，因为它们是儿童故事，但是2～4岁的孩子也会被一些莫名其妙的东西吓到。我从洛克菲勒兄弟那儿听到这样一件事，很久以前，在纽约洛克菲勒中心音乐厅上演完一出长长的《白雪公主和七个小矮人》剧目之后，他们不得不更换数千张座椅的椅垫，因为它们全被尿湿了。再比如在《胡桃夹子》芭蕾舞剧中也有让小孩子害怕的东西。

感恩节让我们想起另一种因家庭聚会而出现的典型的令人不安的问题。如果祖父母和外祖父母住得都不远，两家都希望能聚会，一旦哪家出乎意料地被忽视了，心里都会不舒服的。一种解决办法是，孩子小的时候就计划好，今年感恩节去看望妈妈的父母，明年再去看望爸爸的父母，圣诞节可以反过来。

如果祖父母非常讲究礼节——有的祖父母非常挑剔——我强烈建议去看望他们之前要训练孩子注意以下事项：礼貌地问好，只谈论喜欢吃的食物，不要在家具上攀爬跳跃，只玩祖父母指定可以玩的东西，告别的时候说“再见”和“谢谢”。

感恩节还让我想到，在大型的家庭或朋友聚会上，有些细节可能会让孩子感到不安。年幼的孩子可能与大部分人都不熟悉，他们的社会成熟度还不足以应对那些逗弄他们或问他们问题的陌生人。我的一位朋友告诉我一个故事，既令人惊讶又有些不愉快。

那是一次大家庭的聚会，在感恩节晚宴上，一个5岁男孩赢得了在庆祝仪式上切南瓜许愿的机会，35位家庭成员满怀喜悦地要求知道小男孩许了什么愿，他显然有些为难，不想说出来，这让大家更加急切地想知道。小男孩快哭了，但是在确信必须诚实之后，他小声承认："我想看到琳达阿姨的裸体。"众人的一阵大笑让他更加难为情和不高兴了。

在这种情况下，如果父母发现孩子被这个社会事件弄得多么窘迫不安，他们有权用温和的道歉制止众人的要求。

我想把生日也包括进来，因为生日是送礼物的机会，过生日的孩子在那一天从早到晚都是众人关注的中心。我建议要控制参加生日庆祝的人数，一个可靠的规则是，邀请和孩子年龄一样多的客人，一个、两个、三个或四个客人可能对父母来说看上去不像个生日派对，但是对年幼的孩子来说却足够多了。

对节日和生日大量礼物的期望，不仅增加了孩子们紧张不安的情绪，而且因为他们有强烈的占有欲，也刺激了他们单纯的贪心。我还记得我和我的兄弟姐妹、我的孩子、我的孙子分别30年后相聚在圣诞节里，每个人坐在一堆礼物包中，眼中闪着光，几乎无法自控地一个接一个打开礼物。他们撕开漂亮的包装，简单看一下每件礼物，也不管是谁送的，然后接下来再打开另一件。不可避免地会有一个孩子第一个看完他那堆礼物，通常是那个最大的孩子，他会抱怨说再没有礼包可以打开了。这是个并不太美妙的贪婪的场面。

我认为我们的国家和世界由于过度自私而正在走向歧路，一个主要原因是在太多孩子的成长过程中，缺少对精神价值特别是善良仁慈、慷慨和爱的强化教育。节日给了我们完全开放的机会去教给他们这些价值观，而不是贪婪。

我觉得父母应该规定孩子每次只能打开一个礼物，每个会写名字的孩子都应该保留一份名单，记录是谁给自己送了礼物，并写一封感谢信，即使只有一句话。我建议全家在节日里参加一次服务活动，这对维护节日所应有的意义是值得的。

要提醒孩子，给予和获取一样都是有福气的。父母应该推崇家庭自制的礼物，孩子可以亲手为亲友做礼物，如油彩画或蜡笔画、用玻璃珠子串成的项链、各种复杂的飞机模型或家里自制的贺卡。孩子们喜欢做东西，也喜欢把自己做的礼物送给别人，他们只是需要父母的提醒。

第三章
自主意识：儿童成长的新挑战

照料儿童和老人的新方式

照料儿童和老人的主要困难

我90岁了，看到过对儿童和老年人照料方式的许多变化，我不喜欢那些委婉的说法，诸如黄金时代、退休人士、资深公民什么的。

当我还是个婴儿的时候，我们直到1岁才吃固体食物，男孩直到两三岁才剪头发，这是标志着婴儿时代结束的行动，妈妈不喜欢并拖延着，是爸爸坚持要这么做。男孩还会穿女孩的裙装直到两三岁。那时没有洗衣机，也没有纸尿裤，所以妈妈只能亲手洗所有的尿布，再把它们晾在绳子上。之后童年里所有的棉布衣物都得这样手洗（没有那种随洗随干的纤维织物）、晾干再熨烫（也没有电熨斗），装在一个满满的被压得咯吱响的大篮子里，从地下室里搬上来。

厨房里的炉灶是烧煤或木头的，要想做饭就必须先做个生火高手。那会儿也没有速食麦片，燕麦粥或小麦粥必须从头天晚上开始煮，用双层锅慢慢煮上一整夜。那时没有罐头或瓶装婴儿食品，食物必须煮熟后再碾碎。你只能自己配制婴儿食品，混合，消毒，再装瓶。

那时除了天花疫苗之外没有别的疫苗，也没有特效药，治疗肺炎、中耳炎、猩红热和其他感染的唯一办法是祈祷和大量喝水。

在这种情况下，老人们的主要困难是没有社会保险、医疗保险和医疗补助计划，所以他们并不能从政府那里得到经济上的帮助，他们只有积攒起来或继承下来的存款和证券。现在，大部分人不会积蓄大量钱款，也许只有为买房子这件他们特别舍不得放弃的事情才有可能存钱。所以，大部分人依靠他们成年的孩子，或不得不去贫民收容所。

现在社会保险、医疗保险和医疗补助计划为大部分退休人士提供了极大的帮助，但还是有相当多的人没有被覆盖到，更多的老年人还活着。许多还在工作的亲人们在过去的十多年里遭遇了收入下降，有可能也会变成没有保险的老人，他们难以负担起老人的生活费用。

以我自己的经历来看，我知道老人更容易生病，更多的麻烦困扰着他们。举例来说，我对老年人的这些状况有过体会：支气管炎、皮肤病、尿急、安装心脏起搏器以解决存在已久的心律不齐问题。

我一直得到极好的医疗护理，并有医疗保险和社会保险来支付医生为我提供的服务，对此我心存感激。我也得益于晚年时遇到我的第二位妻子，她精力充沛，是我的专职护理师，她照顾我每天服两次药，做伸展运动，夏天在迈阿密肯姆登每天去游泳池游泳，冬天每天在维尔京群岛的大海里游泳。有一年的时间我们还实行了长寿膳食计划，吃谷物、豆类、蔬菜，不吃肉、鸡和牛奶，据说这样可以避免动脉硬化（动脉堵塞）、癌症、感染和其他不良身体状况。我也要感谢我妈妈家族的长寿传统，家族里大部分人都活到八九十岁。

情感和照料方面的帮助支持

有一个词叫“三明治一代”，是指许多年轻人既要抚养子女又要照顾老人的现实。

当然，现在有许多祖父母因为有保险，如果保持适度的生活标准，他们是可以负担自己的支出的。但是这个事实并不能消除另外一个事实，许多老年人需要情感和照料方面的帮助支持。一位丧偶的祖母，以前丈夫在世的时候，她的大部分日常事务都由丈夫决定和料理，而现在丈夫去世了，她的这种需要就尤为真切。同样，一位祖父平时是那种迷迷糊糊、心不在焉的人，他能干的妻子打理所有生活琐事并掌控他的生活，妻子去世后他也特别需要情感支持和生活照料。还有的情况是，一方或双方的两位父母都还健在，而老人们在处理事情和做出决定方面有困难，这对“三明治一代”来说是件很辛苦的事情，通常是孩子的妈妈还要做孩子祖父母的妈妈。她不应该独自承担这个任务，而是应该把丈夫拉进来参与做决定并制订行动计划。

在老龄化方面有个问题让我很惊讶，现在的祖母和我小时候的祖母大为不同。

今天的祖母怎么会变得与年轻妇女的外表和行为十分相似呢？你看她们穿着时髦的衣服，还开着自己的汽车，走路轻快活泼；也许她们还对政治、经济或体育感兴趣；她们带着自己的孙儿去远足，或者和他们在家里闹着玩儿。真是太棒了！

如何培养孩子的自主性

孩子缺乏自主性的原因

我认为越来越多的孩子在成长过程中缺乏这样几种能力：自己做决定、积极投身于自己的课外活动和爱好、制订自己周末或是明年夏天的计划。他们有时候会说："这儿没有什么事情可做。""我该做些什么？"换句话说，他们被动至极，这种性格倾向一旦建立就会持续下去。

这里有许多可能的原因分别或是共同起作用。原因之一我要特别归咎于让孩子看了太多的电视（美国儿童平均每周看电视21个小时！），把正常孩子应有的精力和应变能力变成一种被催眠的瘫痪状态，这是因为电视节目充满了不自然的令人兴奋的事件。我觉得每天下午或晚上看0.5～1小时电视就足够了。

另一个因素是压制孩子自己做决定的愿望，父母过多地安排了孩子的校外课程，从芭蕾到音乐，这样孩子就没有多余的时间去梦想和琢磨独创的游戏、一个人待着或和朋友在一起。还有一个原因，我想如果我说出来，一些老师和父母会责备我，我觉得是过多的作业，留给孩子发展自己兴趣的时间太少了。也有例外，孩子选择独立承担一些研究项目或利用图书馆做研究，这能为孩子在主动性和责任感方面提供有价值的训练。一项多年以前所做的研究显示，家庭作业如果与孩子在学校所做的许多例题是同样类型的话，并不会产生更强的能力和更高的分数。然而一些教师就是要留这样的作业，他们相信这是有价值的，或者至少它让孩子重视这门科目。这里给反对过多作业的父母的建议是，把他们的意见反映给家长教师协会，也许还可以和校长讨论一下这个问题。

比家庭作业更重要的是学校整体和教师个人的教育观。他们是否重视培养学生的主动性、责任感和创造性，是否给予学生机会在每天的功课中去实践这些美德，还是他们只教孩子们顺从老师和被动学习，每走一步都要告诉他们应该想什么，做什么？答案还是要在家长教师协会上讨论，着重讨论教育的目标特别是这所学校的教育目标，这也意味着要向学校董事会推选出候选人，要选那些主张以高薪吸引一流教师的人。

让我们以男孩为例，阻碍主动性和决断力发展的一种情况是，当孩子和妈妈之间建立起一种特别亲密的关系时，妈妈对孩子过于依赖和要求过高，孩子的许多愿望是来自他的妈妈，因为妈妈总是给予他过多的关注。每当生活让人失望的时候，他会很快向妈妈抱怨并责备妈妈。在一定程度上，这是因为妈妈看上去总是随时准备接受孩子的责备，有些唯命是从，甚至在她一点儿错都没有的时候也是如此。她对别的孩子一点儿都不顺从，却以某些微妙的方式表现出对这个孩子的歉疚，准备接受他的指责和惩罚。

我刚刚描述的是母子关系，在母女关系、父子关系或父女关系中也很容易出现这种情况。我们要教育孩子不要成为抱怨者，或以其他的方式过度依赖别人，使他们乐意主动做出自己的决定并付诸实现。我认为利用一些小小的练习就可以做到了。

允许孩子追求自己的主动权

父母要做的第一步是认识到随着孩子的成长，他们在自然而然地发展主动性和要求独立。宝宝6个月的时候，他们会想要自己拿着奶瓶喝奶；1岁的时候，他们想自己抓着勺子吃饭，想爬到椅子上去；两岁的时候，他们要模仿父母的行为；5岁的时候，他们想学习字母、数字和单词；在青春期，他们被异性所吸引，不论他们是羞怯还是大胆地表达出来。这些时期的兴趣点都不是父母强加给他们的，而是从内心生长出来的。当我们允许孩子去追求他们自己的主动权时，他们不仅发展出特定时期的特别技能，更重要的是，他们学会相信自己有能力将来在更多方面发挥出潜在的主动性，他们变得更大胆、更独立、更具有自我激励的精神。

给父母的提示是，要认识到主动性对于任何形式的成功人生来说都是重要品质，支持他们，让他们发展。

我要列出一些没有经验或是过度保护的父母可能使用的、不必要的干涉方式。他们可能会忧心忡忡地围着孩子转，特别是在刚有第一个孩子的时候，当孩子想爬到矮椅子上、大沙发上或是楼梯上时，马上就把他抱下来。我们惊奇地发现大部分宝宝在尝试一种新技能时是多么小心谨慎，他们的判断很少有错误。当然，你不能让一个婴儿爬没有栏杆的楼梯，但是我会让他冒点儿险从一个低矮的家具上滚落到地板上。我会克制自己跳起来并站在他身边或者一直提醒他要小心的那些冲动。

如果你不得不拿走一个危险的、尖锐的东西，或是容易打碎的东西，不要用大喊“别动！”这样的方式来强化它，只是很快用一个安全的东西代替它就可以了。当然，你必须每次说明一两个禁令，必须制止婴儿去猛拉台灯的灯绳或啃咬电线。你可能不得不多次抱走宝宝或移开东西，同时大喊：“别动！别动！”但是，为了一开始就避免禁止太多的东西，你可以把其中的大部分放到宝宝够不到的地方。

给宝宝一些你不需要警告他们不可以玩的东西，如积木、卡通玩具、带轱辘的玩具、玩具娃娃、填充动物、木套环玩具等，允许孩子犯没有危害的错误并且自己纠正。

有些时候，一些新手父母并不太多制止孩子的行为，却阻碍了孩子的主动性。他们把一些东西灌输给孩子，在孩子还没有想好时就给他们提出行动建议，包办代替，把孩子已经开始在玩的一些游戏复杂化，因为成人发现了一种新玩法。

认可孩子的成功

当一个小宝宝或大一些的孩子学会一项新技能时，无论是简单的还是复杂的，对他来说都是好事，而对你来说，只需要认可他的成功，平静地表达出愉快的心情就可以了。如果父母迫不及待地表示祝贺，兴奋地大叫5分钟，或者表现得好像这是世界上最令人惊讶的胜利，这样做似乎是把孩子的成就当成了父母的。其实，孩子自己感到满足，这才是最重要的。有些孩子从过多的表扬中得到这样一种对表扬的嗜好，他们经常要求父母观看他们的活动，并且祝贺他们的成功，即使这件事过去了很久，已经不足为奇了。（“爸爸，看我怎么跳进水里！爸爸，爸爸，看我再做一遍！”）

当孩子进入小学，他们有了不同的动力，3～6岁的时候，他们是以家庭为重要导向的，男孩努力模仿爸爸的举止和兴趣，忠于他们的妈妈，思考很多关于有朝一日自己当了爸爸的事情，愿意玩“过家家”游戏。女孩是以妈妈为中心，目的是长大后要像妈妈一样，也会把生孩子当成生活中最令人兴奋的一件事情来思考。

但是在6～7岁的时候，男孩潜意识中与爸爸的竞争让他们远离了“过家家”和扮演丈夫及父亲的角色，他们轻松愉快地转向客观和抽象的事物，如读书、写作、算术、科学和自然等。这就是为什么在工业国家中学校教育的年龄要从6岁开始，因为这个时候孩子们已经准备好了。女孩的转变过程也是相似的。

现在男孩们不再亦步亦趋地模仿爸爸，取而代之的是他们更愿意模仿同龄人，比如，乱七八糟的衣着、粗鲁的谈吐和吃相（胳膊肘放在餐桌上，狼吞虎咽，下意识地踢桌子腿）之类。对认真负责的父母来说，这些现象看起来好像自己对孩子的悉心调教全都白费了，他们因此变得唠唠叨叨。但是，这确实是孩子前进的脚步，意味着孩子感觉到他们必须逐渐长大，不再需要把父母当作榜样，并在努力适应家庭以外的大世界。

在这个年龄，聪明的父母会努力限制自己在重大事情上对孩子的责备和约束，并忽略一些像餐桌礼仪或饭前洗手之类的小事。我要说，这个年龄正是父母要特别努力允许孩子掌握主动权和做决定的时候，关于计划，关于爱好（这个年龄对做计划和培养爱好非常重要），关于怎样利用自己所拥有的资源，关于管理他们自己的房间（即使房间看上去更像遭到了破坏），关于怎么安排下午和周末的时间，关于谁能够成为他们的朋友。尽管这个年龄孩子们的爱好很容易让父母觉得恼火，但是不论对孩子还是对父母拥有的财产来说都极少是有害的。所以，这个年龄段提供了6年时间，在更麻烦的年龄段——青春期开始之前，让孩子们练习和加强他们的主动性和决策能力。青春期到来时亲子间的不同意见会给孩子和父母带来更多的压力和冲突，当十几岁的青少年决定用他们的方式去做一些事情时，可能会让他们陷入真正的困境。

假设你9岁的孩子已经在某种程度上依赖于你，比如在一个假日的早上，他抱怨没什么可做的事情。一方面，我不会去尝试耐心建议一大堆活动给他的做法，如果他兴致勃勃的话他会自己想办法，他真正想做的是让你觉得你有责任对他的心情不佳负责，然后他会轻蔑地否定你做出的任何建议；另一方面，如果你一味地显示你对他的耐心，他就会对你更挑剔，然后你们就都会被对方所激怒。

我会努力给他一些惊喜，让他从这种乏味和徒劳无获的游戏中摆脱出来，我会走到他身边，扶着他的肩膀，对他说："你知道有许多你可以做的事情，但是你真正想做的只是试图让我觉得我是那个必须想出一些完全不同的新玩法的人，我做不到，你必须自己想。"他可能还会继续抱怨一会儿，但我会高高兴兴地走开，去做我自己的事情，就好像我一点儿也不觉得有什么责任似的。

减轻在外工作时的内疚感

有质量的亲子相处时间

当父母双方或单亲妈妈在外面有一份全职工作时，妈妈们会很普遍地感到内疚，因为她们只有晚上才能在家里和孩子在一起。我想，单亲爸爸或双亲家庭中的爸爸也会同样感到内疚。虽然妈妈外出工作并非一直是我们这个社会的传统，至少最近这些年才是这样，人们也会认为照顾孩子是妈妈最首要的责任。无论孩子是送去日托中心、家庭式日托所，还是由自己家人照顾，父母都会感到这种内疚。当一个上学的“挂钥匙的孩子”回到空无一人的家里，或是放学后在社区里闲逛，父母都会感到内疚。

这种内疚最普遍的表现形式是，妈妈认为当她回到家里时，不管有多累都应该对孩子的愿望有求必应，以弥补她的缺憾。她给孩子讲故事或是陪孩子下棋长达几个小时，她会一连几个晚上给孩子做他最爱吃的东西，即使她自己已经觉得很烦了。我知道有些妈妈每天回家都会带一件礼物，孩子总是会问：“你今天给我带什么了？”

一种更微妙的内疚症状是，妈妈或爸爸会容忍孩子习惯性的不满、无礼、抱怨或不合作，这是没有内疚感的父母所不能长期容忍的。

我们最近听到许多关于“有质量的时间”的说法，意味着丰富和浓缩，当亲子在一起的时候强化父母和孩子的关系，胜过满足于仅仅是和孩子待在同一所房子或同一个房间里，而没有更多的交流。

在某种意义上说，我给父母的建议有些矛盾，一方面我建议父母不要只是因为你和孩子在一起的时间很有限，就觉得自己有义务做孩子的奴仆；另一方面我现在又告诉你，亲子在一起的时间里要让孩子觉得亲密、个性化和高度满意。我会试着解释清楚我对于两者看法的区别。

当然，**重要的是父母要认识到他们的孩子非常看重和深深享受与父母在一起的时间，特别是当他们觉得父母把他们每个人当成一个独特的个体，有一种针对个人的、特殊的欣赏时**。反之，我们听到激烈的抱怨是那些孩子觉得他们成长过程中和父母在一起的时间太少了，因为父母全身心地投入到事业或社会事务中。

对孩子来说一个重要的区别在于，是父母主动地表现出关注，还是被孩子的要求和抱怨纠缠不过才关注他们。当然，父母很反感孩子通过让父母觉得内疚来索取关注，又没办法掩饰这种反感。他们勉强给予孩子关注会让孩子要求得更多，至少对此更加不满，所以，这种令人失望的循环就被建立起来并且保持下去。

但是如果来自父母不由自主的、出乎意料的关注，会让孩子品尝到甜蜜的滋味，因为父母的爱和关怀是自愿的，即使只做一点点也会有好的效果——主动带孩子去饭店吃一次午餐，一次疯狂购物，去参观一次博物馆，参加一次体育赛事或看一场电影。

为了避免不断被孩子索取太多关注而心生不满，妈妈和爸爸的办法之一是愉快坦率地告诉孩子自己喜欢什么样的活动、游戏或书籍，讨厌什么样的，然后他们可以做出选择。（我喜欢《小象巴贝尔》的故事，读了一遍又一遍，但我不仅不觉得厌烦，一些故事里故意不合逻辑的地方让我的儿子很开心，这让我也觉得很兴奋。）

尽管我是衷心希望父母和孩子能在一起共度快乐时光，我还是要表达一种听起来相反的意见：我不认为亲子在一起的时间和沟通的亲密程度是唯一重要的事情，即使是最重要的亲子关系的质量好坏，也不是唯一重要的事情。父母留出时间陪孩子玩、让孩子高兴，这是一种相对来说比较新的观念，也是特别美国化的一种观念。在传统的、发展中的国家和地区，孩子们大约从两岁起到8岁，仔细地观察他们的父母，效仿他们，在游戏中模仿他们的一举一动，然后渐渐地他们在现实生活中担负起一种学徒的角色，例如，男孩和渔夫爸爸一起去捕鱼，女孩接替她的妈妈把家里的小宝宝背在背上。在这种传统社会里，父母并不与孩子玩耍，孩子们首先玩着学做父母，然后随着年龄增长，他们渐渐真正承担起父母助手的责任。

这与20世纪早期美国的情况没有太大区别。我爸爸不会特意来和我玩，但是他对我热情友好，向我解释他正在做的事情，让我观看他修理架子、制作木箱、换保险丝，或是在火炉里生火。我也不记得我妈妈和我玩过，我记得她分配我做家务，然后提醒我要完成任务。

当孩子成功地胁迫父母，使他们超越理智地勉强给予一些特权和财物，结果变成一个习惯性的索求者或抱怨者时，这对孩子或父母来说都是不健康的行为。一个顽固的索求者加抱怨者是一个令人愤怒的、不受欢迎的人，每个人都很难和他相处，他会在他所有的人际关系和个人发展中受到限制，除非他从许多痛苦经验中吸取教训，改变自己。

成为一个爱索取、爱抱怨的孩子的父母不是一件令人愉快的事情，每天孩子都会跟在父母身后生出或大或小许多事端来。当父母犹豫不决、流露出内疚或试图讨价还价时，孩子就会马上发现他有机会让他的吵闹和索取效果加倍，这种情况会不断持续下去，导致父母精疲力尽，让他们急躁易怒。

父母避免内疚的做法

那么，作为在外工作并把孩子留给他人照看的父母，避免内疚和犹豫的理智做法是什么呢？

我会首先指出咨询师的价值，父母可能要从与孩子的儿科医生或家庭医生的交谈开始，如果需要更多的帮助，转介给一个家庭社会机构、一位行为治疗心理医生、一位心理学家或一位精神病医生，他们都会帮助父母更加了解内疚是怎样干扰了他们对孩子的管理，找出导致父母内疚的因素，尽可能地解决这些内心冲突。

当妈妈觉察到自己的内疚是怎样干扰了她与孩子的关系，使她臣服于孩子的要求和抱怨，容忍他的无礼和不合作，她就可以开始练习理智地加以限制。我不是说她应该变得不容商量或严厉，事实上，那些态度标志着她对自己应该做什么是有内心冲突的。我要说的是，妈妈应该学习对孩子的要求给予迅速、愉快、友好和明确的回应，即使她90%的时间不得不拒绝孩子；妈妈应该用积极的、彬彬有礼而不是相反的态度要求孩子合作，就像她正在向一位朋友发出请求，并很自然地认为孩子愿意配合她。

当然，爱提要求、不肯合作的孩子不会改正得那么快，爸爸妈妈的唯命是从和唠唠叨叨也是一样。父母可以通过一次友好的谈话来开始一个新的亲子互动模式，谈一谈双方是怎么落下这些相处的坏毛病的，他们是如何希望亲子双方都发生改变，这将怎样让他们的共同生活变得更快乐。

当孩子对父母失望的时候，父母不要抱怨和指责，可以提醒他，他们是在把他当大人看待。对孩子的要求给予迅速、礼貌的回答，或是用友好但坚定的语气要求他合作。如果妈妈说这些话的时候给孩子一个拥抱或握着孩子的手，这也许能帮助亲子双方感受到他们正为之努力的新的家庭气氛，这是新气氛的一个标志。

成功的改变并不容易，却是能够做到的，而且极为值得。

让孩子说出自己的感受

孩子的时间表安排过满

我曾为父母写过一篇文章，谈到我认为有许多学龄儿童的时间表被安排得过满。从某种意义上说，他们的父母逼迫他们参加了太多的课外活动，以至于他们没有可以自己支配的时间和与朋友相处的时间，所以我决定，请孩子们说出他们的感受，这是明智的。

我们选择了纽约的一所私立学校，他们的学生大多来自专业人士的家庭，老师从三四年级挑出10个能坦率说出自己意见的孩子，这些孩子每周有2～5项课外活动，要么是在学校，要么是在校外其他地方。

他们的父母大多数工作时间很长，晚上六七点甚至八点才能回家。这些家庭的孩子都非常渴望自己有更多的时间和父母在一起，尽管如此，他们并不因此而责怪父母，他们认为这是生活的一部分。

这些大城市孩子父母的工作时间较长，他们的父母不得不在公寓里请一位照看孩子的人，至少在孩子放学回家到父母回家这段时间里照看他们。对于这些临时照看者，孩子们没有什么严重的抱怨，只是照看者中的大部分人都没有能力在功课上辅导孩子，因为这些人没有受过足够的学校教育或是通过别的方式学习。

我很赞赏这所学校几个方面的特点，一是小班化教学，每个班不超过20个学生。如果班级比较大的话，一位老师，无论他多么优秀，也不可能在每个孩子感到困惑的时候，都给予充分的关注。

这所学校的另一个优点是他们的教育观，他们认为把学习任务变得有趣和富有挑战性要胜于只是要求和命令。一些人认为如果学校的功课不够轻松愉快，那才显得有学问。并不是这样的，我不是说每堂课都必须充满这种快乐，但是孩子们充满好奇心，如果设计的学习任务适合他们的能力，如果学习任务以富有挑战性和有趣的形式展示出来，如果由一位爱孩子并且喜欢教孩子的人来教，那么孩子们是喜欢学习的。

第三个值得钦佩的地方是这所学校有课外活动小组，有相当多的种类，如外语俱乐部、集邮俱乐部、电脑俱乐部、木艺俱乐部等。孩子们有很大的自主权，也不分等级。我们调查组里的几个孩子说，他们参与一个或更多个课外小组的活动是出于自己的兴趣，但是他们也会放弃一两个，因为太忙了，他们清楚地知道选择参与或退出的决定权在他们自己手里。

一些学校管理者和一些不上班的父母反对学校里的课后活动，认为学校的要求太多了，而且为这笔开销还不得不支付更多的费用或税金。我不想从理论上讨论家庭和学校分别有什么样的责任，事实是现在大部分家庭中父母双方都要在外工作，同时应该有人承担起管理孩子的责任。谁比学校更有优势去为孩子们提供空间、设施和受过训练的引导者呢？只有聪明的学校管理者才会提供这些服务，只有聪明的父母才会利用政治压力来获得这种服务。

孩子的选择和压力

参与会谈的孩子像理智的成人一样，看到了这件事的两个方面。在讨论开始时，他们承认确实觉得压力太大，觉得太累了，长时间的活动，另外还要上课和写作业。但是，当我们后来再次询问的时候，他们却又不太肯定了，因为他们喜欢大部分活动，他们选择了这些活动才去参加的，尽管他们还是承认有时候会觉得厌烦或有压力。

几个孩子对音乐课特别是音乐技能课抱有怨言，他们可能在开始时是想上这门课的，但是当他们发现进步如此缓慢时就烦了，尤其是练习课，他们想退出。他们的父母提醒说这门课的学费还得继续付，于是父母就不得不唠叨着催促他们练习。我对个别教授的音乐课和乐器课持谨慎态度，因为我从病人或我自己的亲友那里很多次听到过同样的故事。孩子们在听到一个音乐专家对自己的赞赏后，会觉得自己肯定能很容易地学会演奏，并能让观众陶醉，而不顾父母委婉告诉他们的更为现实的意见。我听说小组课能更多地保持孩子们的热情，我想学校应该提供这样的小组课。当孩子们长到十几岁，有了更多的自我约束能力后，他们可能才会对上个人课程有更多的判断力。当然，有些从小就上个人课程的孩子，大部分时间能够保持学习热情并且非常喜欢练习。

这些孩子都有家庭作业要做，这给他们增加了压力和疲劳。**我对一般类型的作业持反对意见，这些作业是让孩子做更多的课堂上或自习课上做过的同类例题，或是回答阅读课本或社会研究课本中更多的问题**。许多年前有个实验，在学年结束的时候结果显示，这种重复性家庭作业并没有帮助小学生更好地理解或掌握一门课程。然而，许多父母和老师相信这些作业对孩子总是有些好处的，如果不留作业他们就会觉得不安。我反对这种作业，因为它只是让孩子们徒劳无益地辛苦一两个小时。假设我们每个工作的成年人每天晚上都不得不带回家几个小时的重复性工作，只是因为老板认为这对我们有好处，结果会怎么样呢？我觉得有些作业是完全不同的，这些家庭作业与学校的科目有联系，比如一个由学生自己选择和设计怎样收集数据以便最终证明一些观点的科学项目。这类项目促进孩子的主动性、独立判断能力、责任感和创造性。我认为在图书馆里做独立研究以便向班级展示研究报告，也是一项很有价值的作业，它训练孩子怎样利用图书馆，此外也训练孩子积极主动和承担责任，以及怎样组织一篇论文。

我觉得有意思的是，一些独生子女希望有一个兄弟或姐妹，这样傍晚父母还没回家的时候他们就有伴儿了，但是有兄弟姐妹的孩子可能会遗憾地提醒他们：兄弟姐妹有可能吸引父母和客人更多的关注，会乱动你的东西和妨碍你的活动。住公寓楼的孩子渴望拥有兄弟姐妹的陪伴，小城市或是郊区独立住宅里的孩子喜欢有邻居朋友一起玩，这也许是一回事。不论是哪种情况，我们面谈小组里没有一个人抱怨没时间交朋友，尽管我想他们交朋友的机会并不是很多。

他们都盼望周六时能多睡一会儿，但都抱怨说他们会像平时上学时一样醒得很早，他们周六早上都看动画片。我推测，尽管在大部分动画片中有这个年龄的孩子特别喜欢的暴力内容，但是他们只是喜欢每周有几个小时什么都不用做，只是放松和被动地看电视。

听了这些孩子的话，我最终的结论是，对那些希望孩子无所不能的、认真负责的父母来说，过量安排孩子的学习日程是一种诱惑。这些孩子确实感觉到了压力，也确实觉得很累，而且在我看来，与我的童年相比，他们没有充足的时间来阅读（他们说他们读书了，但是大部分是在上床以后才读书）、交朋友、发展家庭爱好和享受悠闲时光。

然而，他们喜欢自己参与的活动，特别是那些他们明确为自己选择的活动。有个男孩最快乐的事情就是一周两次乘坐地铁去布鲁克林，和自己的球队一起打篮球。

如果我是一位现在的学龄孩子的父母，我会谨慎克制自己对孩子参加某项活动提建议，而是让我的孩子自己决定参加他们所选择的活动。如果他们觉得自己日程安排过量了，我会允许他们放弃任何一项活动，而不去责备他们，希望他们能从错误中学到一些东西。

接受孩子对父母直呼其名

父母本人的心态

对一些人来说，允许和鼓励孩子对他们的父母或其他成人直呼其名是件让人不安的事，他们把这看作对孩子的过度宠爱，与允许孩子举止粗鲁、强人所难或者公然挑衅同属一个范畴。对另一些人来说，这只是一种友好的表达方式。后一种父母中有些人可能解释说，他们不想让孩子敬畏自己或者讨厌自己，不想让孩子感觉到他们记忆中对自己父母的那种感受。还有一些人表达得比较积极正面，说是希望孩子把他们当成朋友，而不是只把他们当成长辈。

我应该在这里简要解释一下，我从未主张放任孩子，尽管有些没有读过《斯波克育儿经》的人这样指责我。我经常说，明智的父母要给予孩子坚定、清晰的引导，要求他们有礼貌、懂合作。但是我也说过，坚定的引导并不需要做得让人讨厌，那应该不是最好的做法。

我并不认为允许孩子直呼其名一定是一种过度宠爱的标志，不过有的时候的确如此。但是，无论这意味着父母想和孩子做朋友的那种单纯自然的冲动，还是具有其他更深刻的意义，都取决于父母鼓励孩子直呼其名这种方式背后父母本人的心态。

我所说的父母本人的心态是指，父母的行为是出于爱还是出于恐惧，是有意识的还是无意识的。如果他们的行为表现和严厉的、老式的父母一样，他们的孩子可能会对这种方式产生对抗，就像记忆中有时他们的父母也会引起他们的反抗一样。这种担心孩子与自己疏远的情绪在今天是相当普遍的。另一个问题是现在很少有年轻夫妻在离自己父母比较近的地方安家，而其父母或许是他们吸收家庭教育传统的来源。

我十分肯定对父母直呼其名本身并不会减少孩子对父母的尊重，或让他们变得不太礼貌、不太合作，我知道许多家庭中的情况证明了这一点。我也记得小时候在迈阿密渔村度过的那些夏日，那里的风俗就是孩子们可以对所有的成人直呼其名，我很惊奇也有一点点震惊地看到他们并没有因此而受到惩罚。我渐渐知道这并不意味着失礼，而是被所有成人公认为可以接受的风俗习惯。我自己的父母对这些事情的态度是老派的、严格的，我们甚至不能叫他们爸爸或妈妈，我们要叫父亲或母亲。

我的大儿子习惯于对父母直呼其名大约是从4岁开始的，我们度过了一个非常友好和愉快的周末，那天他毫无预兆地开始叫我本恩，我妻子是这样叫我的。我把这看成是他用非常自然的、几乎是无意识的方式来告诉我："我今天被你的特别友好所温暖。"我的二儿子大约是在11岁时，自然而然地模仿老大也这样叫我。两个儿子作为成人接受采访的时候说，他们认为我是个严格的父亲，所以我接受他们叫我"本恩"并没有让他们觉得我过分放纵，不敢做一位严格的父亲。

父母允许和鼓励孩子对他们直呼其名可能有两种完全不同的心态，一种是简单的、自然的冲动，是没有内疚感的父母表达他们友好和爱意的心态，但是这并不意味着他们必须放弃父母的领导力。所有目睹家庭运转的人，所有经历过孩童时代的人，事实上都会认识到因为孩子是没有经验、好冲动的，他们需要父母清晰而坚定的引导，但是这些指导丝毫不需要引起孩子的反感。这对于在商店和办公室里工作的成人也是一样的道理，他们需要的领导是能非常清晰地说明希望看到什么表现的人，但是他们也希望这个人很友好和善。

另一种态度是某些父母中存在的那种不安的、预先就有内疚的感觉。他们自己是在缺乏自信的情况下长大，因为他们常被父母批评和训斥，不需要特别严重，只要超过平均水平就会造成这种后果。这让他们成为父母后害怕自己可能和孩子之间也产生这种对抗，这种害怕犯同样错误的心态让他们有的人走向另一个极端，以避免成为责骂孩子的父母。有的人极力避免做威严的父母，他们只是努力去做孩子的朋友。

孩子需要明确的父母教导

尽管孩子们非常感谢父母的友好，但是也认为他们需要明确的父母教导，没有父母的教导他们会觉得不安。我们在为孩子做咨询的时候发现，一些有行为问题的孩子在潜意识中这样做的目的是要让他们的父母严格起来。换句话说，孩子会有许多朋友，但是他们只有一位父亲和一位母亲来指导他们。如果你首先做好父母，再和孩子做朋友就是一件好事了。

当我在前文描述过的那种缺乏安全感的父母，要求孩子对他们直呼其名时，从某种意义上来说，他们可能是为了避免自己看起来像个为人父母的人，孩子们感受到这种勉强做父母的心态，会因此而感到不安。

有些父母担心如果让孩子直呼其名，就会让他们失去对父母的尊重而变成小顽童，我认为这种想法是本末倒置了。**孩子对父母的尊重并不取决于用什么词来称呼他们，只要这些词不是粗鲁无礼的就没问题，尊重的基础是父母对孩子的爱、公正和可以信赖。**

尽管我把关注的焦点集中在孩子对父母直呼其名的不同含义上，但我所说的关于父母的内疚与自信、严格领导以及只希望和孩子做朋友，事实上适用于亲子关系的所有方面。用孩子对父母直呼其名这个例子，对我来说是用一种更清晰的方式展示父母潜在的心态和更广泛的问题。

让害怕直呼其名导致孩子失礼的父母接受我的安慰，对我来说很容易，但是根深蒂固的信念通常不可能因为别人说了什么而被放弃。父母应该只接受让他们觉得正确的建议，否则是难以正确执行的。

害怕成为严格父母的人们发现，拥有自信是一项长期的、艰难的工作，需要回归到他们的童年早期。事实上，许多人甚至还没有认识到他们在孩子管理方面的犹豫不定和充满歉意。但是如果他们看到了问题，看到这对孩子来说是多么令人不安，看到这会助长孩子的挑剔态度，他们就会有勇气克服自己的问题，即使效果来得比较缓慢。充满同情心的咨询服务在大部分情况下是有帮助的。

应对孩子的青春期叛逆

青少年的行为动机

为什么十几岁的青少年和青春期之前的孩子，对像朋克那样的奇异怪诞的外表感兴趣呢？为什么他们会被一个摇滚明星的演出感动得泪水涟涟呢？为什么他们会用烟草、酒精、毒品和没有爱情的性行为来威胁自己的生命呢？

为了寻求答案，我们必须来看一看青少年的行为动机，这里包括同龄人压力、潜意识中寻求成人身份的认同，以及青春期前后性发育阶段朦胧矛盾的心态。

像所有年龄的孩子一样，十几岁的孩子最简单、最明显的状态是他们急于长大，但是小孩子只是想做他们看到的大孩子或成人在做的事情，无论是阅读还是骑车。而在青春期前后，他们还想做更多成人做的事情，但是重点放在了希望自己显得成熟老练，看上去比自己的真实年龄更成熟、更精于世故。这些自我意识的成分是多么不同、多么强烈。

我记得一个让我十分惊愕的场面，一天下午我刚好路过纽约一所大型女子初级中学，数百位12～14岁的女孩涌到人行道上，看上去好像每个人都迫不及待地打开口袋或钱包拿出烟点上。这埋下很多将来患上癌症、心脏病的祸根，还不是因为上瘾（因为她们抽烟的时间还相当短），也不是因为快乐（因为抽烟会让很多人有不舒服的咳嗽症状），她们只是因为抽烟被认为是成熟的表现，并且这个年龄抽烟也被看成有点儿顽劣。显然，公共卫生署长的死亡警告相比之下显得很无力。

这种显得很俗气的需要是与同龄人压力相伴而生的，你的同龄人希望你加入某些被禁止或至少不被赞同的活动中来，就像抽烟、喝酒、吸毒或性活动，如果他们能拉动你或其他人加入这些错误行为，这会让他们觉得更舒服。或者如果他们说服不了你，他们就会因为自己敢做别人不敢做的事情而觉得自己很大胆、很勇敢。

同龄人压力更为强大的一面，我想是青少年自己对压力的敏感，他们极为渴望符合朋友们的行为准则，要是感觉自己成了局外人、软弱矫情的人和怪人就会非常苦恼。任何人意识到自己无法符合群体的准则都是痛苦的。

记得当我还在我很喜欢的寄宿学校上学时，我父母辛苦地开车很长距离来和我一起过感恩节，但是相比他们带我和一些朋友去小餐馆美餐一顿的快乐来说，更让我焦虑的是朋友们会看到汽车后座上放着乱七八糟的零碎东西，或是他们会注意到我妈妈脑后的发髻松散开来卷曲地搭在衣领上。到了我的下一代，只有我们保证表现得安静稳重，并且假装我们与他无关，不能和他打招呼，不能给他鼓掌喝彩，我儿子才会让我们来看他在高中运动会上的游泳比赛。

在青春期和青年期（我说的青年期是17～21岁），潜意识中寻求成人身份认同的心理过程扮演着日益重要的角色，青少年和青年最终一定会放弃对父母的效仿，而找到他们心目中的成人标准。这并不仅仅是指他们想从事什么职业，而更重要、更深刻的意义在于他们希望成为什么样的人，有什么样的情感和理想，他们会和他人建立怎样的基本人际关系。

有几个因素决定了最终的结果。首先是他们先天的气质类型，其次是童年时期与父母之间的特殊关系，再次是青春期反抗父母的强烈程度，最后是他们把父母性情特质中的哪些元素吸收成为自己的一部分，这些性情元素在反抗中显现出来并在成年后定型，即他们会怎样对待工作，怎样做父母、做邻居和做朋友。

有些人经历了很短的反抗期，很快就过渡到成年，与父母的态度和个性十分相似。与此相反的极端是有些人绕了很久也走不出来，有时会持续许多年，使他们自己和他们的父母陷入挑剔指责和互不合作的痛苦之中。他们无法认清真正的自我，他们表现出来的都是不愿意成为和他们的父母一样的人，他们被束缚在挣扎之中难以自拔。如果什么时候他们能够停止与父母、老师、雇主之间的矛盾，他们才有可能转变成为富有成就的人。

青少年崇拜和迷恋偶像

现在我们可以继续讨论青少年的偶像了，为什么一些年轻人在对待他们所崇拜的人举动上有些疯狂。许多当代社会青少年问题的观察家认为，我们让17～19岁的青少年整个高中阶段都待在学校里，让他们觉得自己与社会分离，觉得自己不成熟。在大学教育体系中，他们的压力是要在学校待四年或更长的时间，以得到一个大学学士或硕士的学位。相比之下，许多非工业社会里的青少年在他们十几岁的时候就被承认已完全成年并承担工作责任。在殖民地时期，我们社会中的一些年轻人在21岁的时候就当上了船长，这种时间表让他们很早就认为自己已完全成年，要负责任，要受到尊重。

在我们的社会中，许多青年无意识中像个孩子，脱离社会，我认为这种幼稚表现为嬉戏般放纵发泄的行为，有时在春季的大学校园里爆发。在我做实习医生的一家医院里，有一年春天，住院医生狂欢时把一条长长的走廊搞成了蛋黄酱滑梯（mayonnaise slide）。

我想引出的问题是，我们的青少年认为自己从成人社会中被排除了，所以作为报复，他们创造出一种强调与成人世界完全不同的年轻人的文化。他们发明自己的俚语、自己的服饰风格和发型、他们的舞蹈，他们尊崇那些对他们来说显得很特别的乐队、歌手和旋律。如果他们在这些方面的任何选择让父母觉得难以理解，让父母不愉快，他们就会觉得非常快乐。我还记得自己青春期时对妈妈的不耐烦，她很厌恶地评论我所喜欢的爵士音乐，说："你怎么会爱听这样的东西……我听不出哪里好！"想起我妈妈的话，让我避免了对极爱摇滚音乐的继女说出同样的话。

10～15岁的孩子，特别是女孩，对一些特别性感的歌手和其他演员表现出歇斯底里的崇拜，这里有更深层次的原因。演员的吸引力可以通过具有野性和富有攻击性的方式来传达，比如带有挑逗性的碰撞、扭屁股的摇滚舞，有的是暗示性的，有的则是露骨的，或者综合了上述所有的因素。上一代人经历的一个戏剧性的例子是埃尔维斯·普雷斯利*，他的吸引力是如此强大，使得某个城市中十几岁女孩的父亲们心生嫉妒，找到警察局长要求拒绝这个人来这里演出。我想，这种迷恋中最重要的因素是这个年龄段的女孩正处于性发育的懵懂阶段，是从青春萌发早期信号出现时的10～11岁持续到14～16岁，当我说“性发育的懵懂阶段”时，我指的是这些孩子既明白又不明白她们的情感和对性的理解发生了什么样的变化。这是因为性意识从她们6～7岁这个阶段就开始出现了，那时的性感觉还处于强大的抑制状态，她们不敢太多想这个问题，但是9～12岁时，她们的性腺开始运作，并把性感觉和性思维输送到她们的意识当中，所以，她们一部分人产生了反应，一部分人还在抗拒。

当一位艺人传递出那些或隐藏或伪装起来的性信息时，10岁左右孩子头脑中的潜意识接收到了这个令人兴奋的消息，她的潜意识比意识要聪明得多，而她的意识则更正统一些，还在压抑自己，不让她全面清晰地理解这些性信息。然而，当她对艺人的表演和浑身魅力狂热到尖叫的程度时，她头脑中的意识并没有拒绝做出反应。

10岁左右的孩子在没有觉察的情况下会产生一些性兴奋，在某些方面，类似于男孩女孩对同性别成人的迷恋，对象如老师、演艺明星、体育明星或是同性别的同龄朋友，因为这些吸引并非来自异性，所以可能不会被认为是性吸引，至少看上去暂时不会被禁止。

---

* 埃尔维斯·普雷斯利（1935~1977），美国著名摇滚歌手、演员，即“猫王”。

另一种情况是把某位异性成人当作浪漫恋人，最典型的是这个人处于一种安全距离之外，比如一位影视明星或一位歌手，可以让你尽情地梦想，而不需要因自己的幼稚而感到不好意思。这种依恋相比在演唱会上对歌手做出歇斯底里式的反应来说，不太狂热，也更加私密。

最后一种情况是爱上了身边的一个异性同龄人。但是，正如你记忆中自己的青春时代经历一样，大多数这种早期的迷恋是相当不切实际的。孩子渴望被爱，会把一位看起来可能具有自己所爱的品质的人当成恋人，但是通常只要有一点短暂的实际交往，就会显示出这人完全不是自己所期望的那种人，于是失恋然后再恋爱。过了许多年，自己的选择才渐渐变得更为合适。

所有我所描述的这些性发育阶段在以前都是必经之路，并且需要一段很长的时间，随着近年来性道德观念发生相当巨大的变化，特别是对性限制和性压抑的放松，青少年的性发育过程大大加速。许多父母对我说，通过理解青少年的性发育过程，他们能够接纳并指导儿女度过这些艰难时刻了。

如何对孩子谈性

对性的善意解释

从维多利亚时代持续到第一次世界大战时期，正派的成年人之间和亲子间的交谈中，性话题被小心翼翼地回避。女子怀孕了被称为“有喜了”，以避免更多直接地谈及与性相关的信息；把乳房称为胸部，好像这只是身体上的一个区域，而不是两个提供乳汁、令人愉快的器官；和孩子说话的时候，生殖器也不叫它们真实的名字，而是叫“小鸡鸡”。我妈妈在人到中年时告诉我，我的几位朋友的妈妈也告诉他们，说她们结婚的时候绝对没有从妈妈或朋友那里得到过任何关于性的信息，所以结婚后真是大吃一惊。从更复杂的心理学视角来看，我们可以猜想，她们只是缺乏对性知识有意识的了解，因为她们是在强大的性压抑传统下被抚养长大的。但是，通过观察一下小狗，偷看一眼禁书，无意中听到足以让人对性有所知晓的谈话，这些都可能会让她们知道的比所承认的更多。

在维多利亚时代，大部分孩子完全得不到对性的善意解释，因为有些性知识是绝对不能讨论的，只能保持严肃的沉默。他们把性解读为被严厉谴责的事情，是导致恐惧和罪恶的事情，因为他们至少对自己的童年性欲有一些朦胧的了解。许多青少年被警告说，性行为是不道德的，是想入非非，特别是手淫，被认为会引起精神病、性器官损害和后代畸形。

尽管那时比现在可能有更多因恐惧和罪恶感导致的对性行为的不适应，但绝大多数人是可以克服他们对性的无知而享受性快乐的。事实上，几十年以前的《金赛性学报告》分析了性行为与受教育程度的关系，说明接受了大学教育的人，那些在最严格的教育下长大的人，以及性行为推迟到青年或成年时才开始的人，会有意地延长和强化他们的性快感，也许是对性行为方面的严格禁止增强了最后的性兴奋程度。所以，童年的性压抑并不总是会妨碍性行为的调节，而是让人更适应性行为，能够摆脱早期的性禁忌。

针对性沉默和性威胁阴谋的反抗，首先来自于精神病医生和心理学家，特别是西格蒙德·弗洛伊德和他的追随者。他们认为性是自然的、正常的，是命中注定用来享受的，尽管人的性行为比动物要复杂得多。弗洛伊德从许多患者的精神分析中得出结论，3～4岁的孩子就有性意识了，表现为他们对生殖器的区别产生了好奇，想触摸自己的生殖器或互相触摸；他们没完没了地玩“过家家”游戏，意味着假装成为已婚夫妻并照料小宝宝。从弗洛伊德开始，精神病医生和儿科医生的观察报告让我们看到，婴儿在出生第一年里已经会玩耍和探索他们的生殖器了。

一个学龄前的男孩爱上了他的妈妈，宣称他有朝一日要和妈妈结婚，他渴望对妈妈身体上的亲近和独占，他把妈妈放在理想女性的宝座上，妈妈的性格和外表都将影响到他以后对妻子的选择。同时，他非常崇拜他的爸爸，并模仿他的言行。一个女孩会以同样的方式爱上她的爸爸，并努力成为与她所尊敬的妈妈一样的人。他们在练习成为理想的丈夫、妻子和父母。

性教育中的明智做法

20世纪与21世纪交替之际，许多关心孩子的专业人士在关注成人的性适应不良与许多患者表现出来的对性的莫名恐惧和过分罪恶感之间的关系，据推测可能的原因是父母的警告、关于性的错误信息、性诱惑或者在童年时的性信息空白，性教育运动从这些研究中应运而生，健全可靠的性知识、父母健康的性态度将会避免这些问题。

在性教育中有许多明智的做法。如果他们有机会观察的话，2～3岁的孩子会注意、担心和询问有关生殖器区别的问题，大约3～4岁的时候，孩子们开始疑惑小宝宝是从哪里来的，通常他们会满足于这样的回答：他们是从妈妈子宫里的一粒种子长大而来。之后他们还会问，种子是怎么进到妈妈肚子里，宝宝又是怎么出来的呢？孩子很容易假设种子是像食物一样被吞进去的。那么父母可以解释说，父母如何因相爱而拥抱，爸爸的阴茎怎么进入妈妈的阴道，把爸爸的精子播种到妈妈子宫里的一个小卵子里面。

记住下面两点是明智的，第一，最清晰的解释需要融汇孩子们的幻想；第二，他们的问题在每个发展阶段需要得到逐步完善的回答。

对孩子来说，大约6岁时，通过动物开始学习性知识会更自然。一些学校会在一年级或幼儿园的班级里养一对豚鼠，至少养一段时间。

女孩平均在10岁进入青春期，男孩平均在12岁进入青春期，但是因个体差异提前或延后两年都是正常的，在学校和在家里都应该向孩子解释这一点。月经来临的平均年龄是12～13岁，一些发育更早的孩子会觉得尴尬不安，发育较晚的孩子会焦虑自己不正常，会担心再也赶不上正常的性生理变化和快速生长期。正常的性发育知识能够指导父母和他们的孩子讨论有关性的问题。

除了父母之外，聪明的老师，不光是生物老师，英语、历史、社会研究等科目的老师，要让青少年把一些讨论轻松地带到课堂上来，讨论他们自己对一些事情的感想，如化妆和约会的合适年龄、晚上禁止外出的时间、贞洁观念、避孕、怀孕和结婚等。

对孩子来说，你说话的方式比你说的内容更重要，应该让他们认为提问提得很舒服，这样他们就会轻松自然地一次又一次询问。许多父母会发现这比他们想象中要难，因为我们大多数人都是在对性至少有一点点焦虑和罪恶感的背景下长大的，这让我们面对问题的时候会有点儿紧张，会让我们用很古板的腔调和孩子交流。我不是说这会把讨论弄糟，但是如果你提前了解这个问题，就有可能让你的回答更轻松些。

回答两岁、3岁或4岁的孩子的问题是最容易的，因为这个年龄的孩子还没有建立自觉的自我意识，也不会对性问题设防，你可能会说他们是以自己的漫不经心让父母轻松过关。

青少年会提出特殊的问题，他们在自己身上、在朋友们身上都强烈地意识到性的存在，但是他们不愿意去想他们的父母也有性感觉或性生活。"我认为他们是超越那些东西的。"他们说。女孩子们或许会、或许不会和她们的妈妈来讨论这些问题，这取决于她们的性格和她们亲子之间的关系。男孩不太可能和爸爸讨论这个话题，大部分爸爸都有着相似的害羞。我清楚地记得，我和两个儿子分别在他们11岁的时候，等到一个理想的机会，当我们要开车共度一段比较长的时间时，我小心翼翼地说："也许现在是个好机会，让我们谈谈生命的真相。"每个孩子都会慌忙紧张地说："我已经知道这件事了。"我疑心那是不是真的，但是这证明我们都发现和自己的爸爸谈性不是件容易的事。于是，不管怎样，我将错就错地小小地说教了一番。我们规避这个困难的办法是，对一个尴尬不安的青春期的孩子说："这儿有一本书，如果你有什么问题，我很高兴和你讨论。"有的时候，因为爸爸的失败，妈妈不得不和她的儿子来谈谈性这个话题。我妈妈就是这样做的。

我相信，性教育运动以及其他宽容的心理学和社会学研究趋势，带来了新的、有益健康的性态度，维多利亚时代为性定罪政策所带来的人们对性的焦虑和罪恶感已经得到极大的改善，但是这种巨大转变也带来我所认为的不幸。看上去，现在大部分十几岁的孩子把性行为当作一种完全自然无害的事情，当作他们与生俱来的权利，在某种程度上，这鼓励了对待滥交、怀孕和性病的轻率态度，虽然他们有种种诡辩。有个现象很奇怪，绝大部分有性行为的青少年顽固地拒绝使用避孕工具，面对压力他们会给出各种各样的理由：他们的行为以前没有导致怀孕，所以将来也不会导致怀孕；或者说他们不愿意承认他们的性活动还会继续，他们更愿意认为以前的性行为是热恋的结果，不会再重复发生了；或者一些觉得自己在家里不被爱的孩子梦想着去爱一个孩子，这个孩子反过来会爱他们；一些对父母生气的孩子让自己怀孕是为了羞辱父母。我和产科医生讨论过这个问题，他们说唯一的办法是让父母带这些孩子到医生那里，在多种避孕方法之中得到非常具体的指导。即使那样，父母也必须确保这些避孕方法真正被使用了才行，对男孩女孩来说都是如此。

在这个单亲家庭的时代，据说有的单亲妈妈会把女儿或儿子当作一位成年知己，甚至成为她生活中的私密至交，但这会剥夺孩子的童年。一位没有配偶的父母很自然地希望转向一个敏感的孩子以寻求陪伴和信心，这是否会局限孩子对生活和对自己的看法，取决于父母走得有多远。举例来说，我想，妈妈可以和孩子谈论新男友，特别是如果这个人是孩子见过的人，可以指出他身上好的和不太好的性格特点，征求孩子的意见。显然，学龄儿童会给出意见，也会很高兴有个表达的机会。在关系进一步加深之前，妈妈不希望听到任何批评意见。但是在我看来，单亲父母主动告诉孩子他们之间的争吵或性关系的细节是错误的，不过如果他们之间有过性事，孩子又直接或间接地问起这件事，最好还是诚实回答。

我想，对于刚刚离婚的父母有个可取的建议，不要当着孩子的面对新约会表现出过分的兴奋和感情外露。15岁以下的孩子通常是反对父母离婚的，对于父母的复合总是抱一线希望，如果父母对另一个人太快产生兴趣，他们会觉得不公平。所以我相信明智的父母会放慢脚步，先把重要约会安排在家庭以外的其他地方，而不是在家里。让孩子在随意的场合下结识父母的朋友，然后观察孩子的反应，并以此为导向采取下一步行动。年幼的孩子可能会求妈妈再结婚，这样他们就能在家里拥有一个爸爸了；但是当一个真正的候选者出现时，这种渴望可能会变成无礼的敌意，特别是在男孩身上，男孩比女孩更有可能厌恶一个男性入侵者和竞争者。

总之，我要表达的观点是，在某些方面，消除性压抑和对性过分拘谨的运动已经做得太过火了，我想到电影中有太多赤裸裸地展示性交和强奸的镜头。纵观世界和人类历史，人们都认为性交是非常私密的事情，以戏剧表演的方式把它展示出来并供人观看，我认为是缺少对性的尊重，是把强奸这种兽性行为当成了娱乐。

我相信现在普遍流行的对于性的宽容态度，让许多青少年和他们的父母忘记了，性从最广泛意义上来说是一种强大的精神力量，而不仅仅是一种身体上的感觉，正是这种精神力量让人们彼此相爱，而不只是寻求性满足。是这种精神力量让他们把伴侣理想化，让他们努力建立美好的婚姻和做优秀的父母。这种精神力量还有一部分升华为对艺术和自然的热爱，升华为为人类服务的动力。

所以，重要的是在孩子们的认识中强调性爱的精神层面，来平衡其解剖学上的意义和贪婪好色的一面。在和学龄前儿童谈论关于宝宝从哪里来的问题时，父母可以说说爸爸妈妈彼此相爱的感情，是这份感情让他们想“做爱”，再说说他们是多么希望有个宝宝让自己来疼爱和照顾。他们可以提醒大一些的孩子和青少年子女，尽管年轻时有可能会经历多次恋爱和失恋，一直到他们知道谁是自己真正要找的人，他们最终一定会找到那个人，愿意和他生活在一起并彼此关爱，想和他一起养育和珍爱一个好孩子。

更为重要的是，父母应牢记，他们自身的榜样作用会对孩子产生最有效的教育和激励，所以，他们应该彼此表现出忠诚和尊重，即使他们有时也会争吵；他们可以显示出对孩子的奉献精神，以及他们彼此之间的爱。

第四章
爱和规则：儿童纪律意识的培养

亲子教育中的误区

亲子之间的意见分歧

我认为美国的父母和孩子之间最常遇到的难题是亲子教育中的优柔寡断，在指导方向上和承担责任方面都是如此。我不是说这种情况发生在大多数家庭当中，但是这确实是在相当多的家庭中存在。这对高责任感、高度理性甚至对很随意的父母来说都是个问题。

为了一开始就让你明白我在说什么，我会给你举出许多我在朋友家做客时看到的例子。

一位妈妈用惊讶的语气对在客厅另一个角落看电视的女儿说："夏洛特，已经九点半了，你半个小时之前就应该上床睡觉了！"夏洛特愤怒地嚷道："你为什么不九点睡觉？我的朋友都没有这么早睡觉的！上周六你让我熬夜到那么晚呢！"妈妈没有变得更加强硬，而是被夏洛特愤怒的反驳搞得有些狼狈，转回身继续和朋友聊天，孩子继续看电视。半个小时以后，妈妈用令人吃惊的声调大喊："亲爱的夏洛特！十点啦！比你的睡觉时间晚了整整一个小时了！赶快上楼去！"孩子并没有表现出一丁点儿后悔的样子，她用眼角余光观察着她的妈妈，发觉妈妈已经快发怒了，这才断定她已经没有机会继续拖延时间了。

一个4岁的男孩正在院子里玩，他的妈妈叫他："你想进来吃午餐吗？"他说："不。"妈妈说："你会饿的。"他回答说："不，我不会饿的。"妈妈说："我做了意大利面条。"他现在处于一种消极回应的惯性之中，于是尽管他确实喜欢吃意大利面条，他还是回答说："我不喜欢意大利面条。"

在12月的第一个下雪天里，12岁的女儿想穿漂亮的新鞋走路去上学，妈妈对她说："穿上你的雪地靴或者胶鞋吧。"女孩回答说："没有人穿这种鞋。"妈妈想了想也许孩子说得对，她也不想让孩子不高兴，于是也就作罢。

这些例子当中的共同特点是，故事中的父母都希望孩子做某件事，但是在孩子反对的时候很轻易就推迟或放弃了。这些例子在你看来可能不太重要，不值得为此与孩子发生争执。如果亲子之间只是偶尔产生意见分歧那问题不大，但是我所想到的是这种现象已成为家常便饭的那些家庭。父母在对孩子提要求的时候通常是犹犹豫豫或是有些抱歉似的，而孩子正是借着父母的犹豫不定，发展出了狡辩或忽视父母要求的习惯。从这个意义上讲，孩子使父母处于防守状态，孩子占据了上风。

犹豫不决的原因

我记得是在20世纪30年代，我在纽约开始做儿科实习医生时，看到这种父母的模糊不定，但是我不记得1903～1920年在纽黑文，我还是个孩子的时候看到过这种现象。在照料孩子方面，我妈妈对自己的观念或方法没有丝毫怀疑，偶尔，我或是我的一个妹妹认为她做出了一个不公正的评判，会努力去说服她改变想法，或者至少减轻处罚，但是她从来都不让步。我童年时朋友们的妈妈没有一个像她那样严厉，但是我也不记得哪位妈妈会优柔寡断、犹豫不决。如果我记得没错，这种趋势是在20世纪20～30年代变得明显起来的，那么它是从哪儿来的呢？

我相信主要原因是20世纪初期各种心理学理论繁荣，心理学家和精神病医生的数量越来越多，并且被那么多的美国父母所接受。他们的书和演讲第一次让人们清楚地知道，儿童的正常行为和非正常行为都是与父母对他们的管教方式相关的。

一个令人遗憾而且错误的说法从心理健康运动中产生出来并使父母们陷入苦恼，即“每一个问题儿童的背后都有一个问题父母”。这类观点让敏感的父母感到非常内疚，他们太快得出结论，认为那些普遍的、轻微的困扰，如吸吮手指、咬指甲、低于平均水平的学校学习成绩和害怕狗等，都意味着他们在对待孩子上犯了严重错误。

另一个影响来自精神病学家西格蒙德·弗洛伊德对人类心理意义深远的发现。弗洛伊德在美国是最具影响力的精神病学家，他指出，亲子之间在潜意识层面存在敌意，过度的负罪感和过分的压抑都是有害的，即使在童年早期也有正常的性冲动。这些观察报告是正确的，但是最初它们对大多数父母来说是陌生而令人不安的。

约翰·华生从另外一个角度让父母感到不安。他坚持认为，如果父母足够坚定果断，孩子就可以学会任何我们所期望的行为。如果你希望你的孩子成为一个音乐家，就要在他婴幼儿期间持续不断地为他演奏音乐。他说亲吻、拥抱和安慰孩子对发展孩子健康强壮的性格是有害的，但每天和孩子握一次手还是可以允许的！许多美国父母很重视他的观点。

所有这些新的心理学观念都堆积在小心谨慎的父母心里，那时他们没有好办法去评估这些观念，或是决定该相信多少、应用多少。父母们感到对自己缺乏自信，认为自己愚昧无知并心怀内疚。许多缺少自信的父母开始觉得只有专业人士才知道怎么养育孩子，父母则更有可能做错事，在不能肯定做得是否正确的情况下最好什么都不做。这场心理学革命中另一个令人困惑的地方是，专家们似乎经常是互相矛盾的，一个人在报纸上说，残忍的童话故事对幼小的孩子是有害的，另一个人则宣称这是一种健康的发泄方法。

在我们这个具有心理学头脑的社会中，对于让敏感、谨慎的父母变得内疚和优柔寡断的原因还有另外一种解释。这些父母对那么多孩子在早年被严厉对待而感到难过，也为他们自己和父母之间有时存在的紧张关系而感到内疚，他们想不惜一切代价避免这种亲子间的敌意，因此他们在孩子任何怨愤不满的信号面前都会走向另一个极端——迅速撤销他们的要求或惩罚。

大家庭的消失是产生对父母具有吸引力的新儿童理论的一个原因。在20世纪初，年轻的父母和祖父母及其他亲戚住得都很近，甚至就住在一起，经常会有沟通交流，那是他们获得儿童养育建议的渠道。他们从一些小的、容易的事情开始，向他们信任和熟悉的人请教，渐渐地建立了自信心和他们自己的信念。

现在年轻夫妻经常居住在远离他们的家族数百或数千公里以外，不得不依靠专业人士发表的思想理念指导自己，他们去做咨询，听电视里或现场的演讲，或者阅读文章和书籍。

在美国，另一个导致父母缺乏决断力的因素是我们缺少长期建立起来的育儿传统。在世界上许多其他国家，人们同属一个血统，家族成员在同一个地方生活了数百年，每个人都对孩子应该怎样被抚养成人有着或多或少的一致意见。

但是美国从1620年起经历了多次来自全世界的移民浪潮，每个群体带来不同的育儿观念。这些人们从自己的祖国移民到此，是因为他们对原来生活中的某些方面感到不满。于是，美国成了一个大杂烩，移民们带来许多互相矛盾对立的风俗习惯，而且他们也在抵制美国的一些风俗习惯。

结果是美国人缺乏普适的、为大家所接受的信仰，每个家庭都必须自己决定希望怎样培养后代。从某种意义上来说，这种自由是有益的，但从另一个角度来说，这是摆在新手父母面前的严峻问题，它带来疑虑困惑、不确定性，当事情进展不顺利时还会带来负罪感。

造成父母优柔寡断和唯命是从的另一个因素，我认为是对正规教育的过分尊崇，这种观念认为除非你通过了某个课程的学习，否则你就对这门学问一无所知。当然，除非你得到过大量的培训指导，否则你是不知道怎样修理一台电视机的。但是绝大多数的育儿知识是来自于自己曾经是个孩子、曾经照顾过弟弟妹妹、做过临时保姆，最终来自于自己成为父母的经历，只有一小部分来自于书本和别人的指导。

我这样写好像只有在20世纪最初的20多年里父母们被搞糊涂了，被新的心理学观念搞得左右为难，但事实上这个进程还在继续，一直到现在，也许严重程度有所减弱。

父母优柔寡断还是坚定不移，在很多情况下取决于他们自己在童年时被如何对待。有的父母本能地鼓励孩子自己做决定，积极主动，承担责任，对自己和自己的成绩感觉良好。另一些人则倾向于警告孩子，怀疑他们能否完成新的或是困难的任务，纠正他们的每一个错误或毛病，以至于孩子是在过于缺乏自信和自尊的情况下长大。当他们的孩子长大后抚养自己的孩子时，这两种态度都会很自然地继承下来。

优柔寡断的害处

父母的优柔寡断有什么害处呢？它并不会导致违法犯罪或其他严重的行为问题，却会助长孩子强人所难、麻烦不断和令人反感的品质，因为他们会很快识别并利用某些手段来得到他们想要的东西，像所有年龄的成人所做的那样。而且，这对父母来说简直令人精疲力尽，每个决定都要被孩子挑战，都不得不努力维护自己的决定，或是不断地被孩子所挫败。

有什么办法克服这种优柔寡断吗？据我所知没有什么简单轻松的办法。首先，我曾说过大部分优柔寡断的父母并没有觉察到自己的优柔寡断，尽管他们意识到了也会受到孩子争强好辩性格的严重困扰，所以对这些父母来说，第一步是要认识到：孩子们令人气恼和让人精疲力尽的行为也许就是父母自己优柔寡断的结果。如果他们能看到这一点，就能够练习克服它，练习变得坚定起来。

我相信，许多这样的父母都害怕变得坚定起来，因为他们把坚定等同于令人不快。他们假设如果变得坚定了，他们的孩子会不再爱他们，会怨恨他们，但这并不是接下来一定会发生的事情。那些拥有自信的父母对自己寄予孩子的期望毫不怀疑，把期望说得很清楚，决不让步，他们能够用一种令人愉快的方式请求孩子合作，不会用急躁的语气和孩子说话，因为他们并不希望受到抵触，他们令人愉快的沟通方式容易让孩子接受和服从。

对优柔寡断的父母来说，了解以下这一点可能会有帮助，做出“错误”决定比让孩子经常感到不得不和父母争辩给孩子造成的烦恼不安要少一些。所以，在重新训练自己的过程中，父母应该轻松自如地对孩子的各种要求迅速给出明智的回答并坚持到底。如果发现孩子一直在说：“为什么我不可以呢？”要知道这并不是真的在问原因，而只是试图跟父母软磨硬泡。父母有时也可以笑着回答说：“因为我知道我是对的。”这样说意味着父母知道孩子非常明白原因，厌倦了被他没完没了地追问。

父母要试图打破优柔寡断和退却让步的习惯，那么从一开始就要知道取得全面成功需要很长一段时间，即使父母已经在态度坚定方面取得了进步，孩子也会不断地纠缠他们长达数月。父母的每一次胜利都意味着孩子在态度上有了一些改善，所有成效就这样慢慢积累起来。

现在，为了更加具体可行，我将回到我前面举出的三个例子。我会建议夏洛特的妈妈记住，她的孩子现在已经有了一套固定的推延睡觉时间的习惯，妈妈要准备好，当正常的睡眠时间到来时，要促使她准时睡觉，保持自己的注意力集中在这件事上，直到夏洛特付诸行动。如果即使妈妈直接盯着她，她还是不动，妈妈可能就需要花上几个月的时间，每次都拉着她的手，带她去上床或带她去洗澡，也许还可以给她讲个简短的故事，直到她形成按时睡觉的习惯。

那个4岁男孩的妈妈询问孩子是否愿意进来吃午饭时，实际上只是在自找麻烦，这给了孩子一个说“不”的机会，更好的办法是说：“午饭已经准备好了。”或“你知道我做的是什么好吃的吗？是意大利面啊！”或者说是另外一些孩子爱吃的东西。如果知道他不肯进来，最好还是妈妈到外面找他，和他聊聊他正在做的事情，同时拉着他的手把他领进来。如果他还是拒绝进来吃饭，妈妈可以变得严肃起来，告诉孩子自己做了非常好吃的饭菜，希望孩子现在就进来。作为最后一招，我会平静地把他抱起来，硬把他拉进屋去。他可能会非常生气不肯吃饭，但是他会知道在我说希望他进去吃饭的时候，我是当真的。

如果我12岁的女儿告诉我说雪天时没有人穿胶鞋或雪地靴，而是都穿着新鞋时，我也会用实事求是而非以势压人的语气对她说，我希望她能爱惜她的新鞋，或者给她一个选择，让她换一双旧鞋来穿。

当孩子长到十几岁时，你必须逐渐把一些非重大事件的决定权交给孩子，但是你也应该让他知道，你对即将发生的情况有何感想，而且如果问题比较严重，父母应该有准备地、毫不犹豫地迅速给出决定。例如，不能乘坐酒后司机开的车，不得乘坐父母没有见过的男孩的车，不要在禁止外出的时间以后还待在外面不回家，除非打电话请示过父母并得到允许。如果孩子们还想争辩，明智的做法是先听他们说，但是如果你还是觉得不能改变主意，就要坚定地说出来，拒绝一次又一次地重复相同的争辩。通过明确和坚定你的态度，你会让争论更有成效，不只是对你自己，对孩子也一样。因为如果你的回答犹豫不决，那你就是在帮助孩子继续与你争辩。

纪律的一贯性原则

孩子乐于贯彻规则

一些父母认为，行为训练中的言行一致是非常重要的元素，而在我看来他们把这一点看得太重了。孩子们希望被父母疼爱，长大能成为像慈爱的双亲那样的人，这一愿望对于孩子形成良好行为的作用要大得多。如果没有父母的深爱，孩子就没有良好行为的动力，就像许多罪犯的童年所显示的那样。

另一个关键因素是父母是否尊重他们自己，并因此要求孩子尊重自己，不斥责孩子，孩子就不会粗鲁无礼或违抗挑衅。

父母应该让孩子非常清楚地了解，他们希望和期待看到什么样的行为方式，如果界定得不够明确清晰，孩子就会无所适从，不断地试探父母，以便了解底线到底在哪里。父母通过自己说话做事的方式，就能够说服孩子愿意按照父母的期望合作并保证做到吗？

我会把一贯性原则放在次要地位。孩子希望爱父母并成为父母那样的人，以及父母的自尊和对孩子明确的期望，再加上你们说的一贯性原则，这些因素组合在一起，会让孩子具有合作精神，不只是在行动上，而且是发自内心的。一贯性原则更多是一件与规则有关的事，而纪律中的其他因素是更多基于情感的。我相信好的纪律主要是一件与情感相关的事情。如果情感是美好的，你不妨在规矩上放轻松一些。但是如果情感上是令人反感失望的，你就不可能只用一贯性原则来成功管教孩子了。

纪律中的一贯性原则，即父母和孩子都坚守某种规则，会让双方的生活变得更加轻松简单，它会把严重损耗时间、精力和善意的无谓争辩减到最少。当孩子偶尔试图破坏规则或滥用规则时，那些和孩子拥有良好关系的父母，和孩子说话时只需要就事论事地提及规则，孩子就会意识到再争也没有用了。我说“就事论事”是因为，如果父母的口气是急躁的或生气的，那么其中传达的微妙信息是，父母无权执掌这个规则，这只会激励孩子继续争辩。

如果要建立一些规则（而不是父母以个人好恶来决定每一件事情），我想父母最好的做法是在建立规则之前和孩子商量，向孩子解释为什么这个规则是必要的，对规则有一个清晰的说明，并请孩子提意见，这对成功制订和执行规则是大有帮助的。大多数孩子都很理解并乐于贯彻规则，只要这些规则不是在激烈争吵中建立起来的。

不要让规则变成束缚

一贯性原则是否意味着规则永远不能被打破呢？不是的，规则是让亲子关系顺利发展的一种方式，但是不应该在父母和孩子都希望中止的情况下还让规则束缚家人。上床睡觉的时间可以在特殊的节假日或是有亲友来访时做出调整；在去别的小朋友家参加聚会，或是在祖父母带着糖果来拜访时，可以打破禁止吃糖、饼干和蛋糕的规矩。另一方面，如果父母在一周内几次允许打破某个规矩，就会毁掉这个规矩的效力。顺便提一下，如果父母认为废止某个规则是明智之举，就应该对孩子的请求迅速做出让步，而不要让孩子苦求了15分钟之后才答应，后一种方式会鼓励孩子在每一件事上都没完没了地和你争辩，希望父母最终会屈服。

为什么如果孩子得到鼓励，就会随时在每一件事或规则上争辩呢？我们容易忘记，作为父母，在孩子长大到青春期之前，我们对孩子拥有绝对的控制权。想象一下，作为父母，如果我们在家里的每个行动整天都要得到同住的祖父母的允许，比如，早上几点起床、穿什么衣服、吃什么东西、餐桌上的礼仪、怎样花我们自己的钱、要不要穿外套、我们能带什么朋友回家、我们去哪里娱乐、几点睡觉……我们会怎么样？如果我们乞求、争辩、发牢骚，并且认为我们应该按自己的意愿行事，那一点儿也不奇怪。在这种情况下，只要规则是公平的，我们愿意接受一贯性原则，我们和孩子的期望应该是一样的。

父亲在纪律管教中的角色

爸爸推脱作为纪律执行者的责任

我曾经和一组小学生的妈妈座谈过，她们想找一个大家愿意共同探讨的话题。我们抛出几个主题，每个主题都有一些支持者，但是没有一个能激起大家普遍的兴趣。直到有人建议讨论孩子的父亲推脱作为纪律执行者的责任，突然每个人都迫切地希望表达自己对这个话题的意见，特别是表达对丈夫推卸责任并把管理孩子的责任全部留给妻子的不满。

我记得一位妈妈用讽刺的态度表演发生在她家里的场景，当她的三个女儿按规矩应该上床睡觉并保持安静时，反而听到她们在楼上咯咯地说笑、来回乱跑和争吵。妈妈对丈夫说："从下午她们放学回家开始，我就在纠正、唠叨和斥责她们，现在我希望你来接管了。让她们看到你对她们的行为很失望，而且你是当真的，不是在开玩笑。"然后她模仿丈夫走到楼梯下面，温柔地喊："姑娘们，到睡觉时间了，现在请保持安静，上床睡觉，晚安。"小组里的女人们表示不赞成这位父亲的温和态度，对这位妈妈表示了同情。其他小组成员举出更多例子，说明爸爸们不愿意做他们该做的事情。

这种情况在许多家庭中都发生过，我们从中能理解和学习到几种方法。孩子爸爸在回家之前，期待和妻子及孩子一起拥有一个快乐的夜晚，不愿意在已经发生的事情上扮演一个持反对意见的法官和严格的执法者，他可能不会花时间去体谅、理解妻子的心情。而妻子对孩子的耐心已消耗殆尽，并认为她有权期望孩子的爸爸这时积极参与进来。

我听有的爸爸对我说："我不希望我的孩子怨恨我，就像我怨恨我的爸爸那样。"所以他们希望只是和孩子做朋友，避免父母身份中令人不满的一面，特别是纪律惩罚。

成为孩子的朋友，这个愿望可以是合理的，也可以是不合理的。当然，我们都知道有些父母会设法轻松地和孩子做朋友，这有助于获得更快乐、更丰富的家庭生活，从这个意义上来说，家人会更多地分享快乐、幽默，分担忧愁，也能从其他家庭成员的经验中学到更多东西。但是，当一位爸爸被他儿子的某些行为激怒时，因为他想和孩子做朋友，就试图压抑或隐瞒他的不满，可是儿子总是会感觉到他的不满，而且当爸爸试图掩盖他的愤怒时，这个男孩会觉得焦虑，他会疑惑："他为什么要隐瞒呢？如果爆发出来是不是会很暴力？会危及生命吗？"换一种表达方式，公开表达出的恼怒和气愤可以被孩子感知到而且终会过去，他会变得聪明一些，觉得自己经过这件事以后也变得勇敢一些了。

一个好爸爸既能和儿子做朋友，也能做一个有管理能力的爸爸，在必要的情况下，毫不犹豫地提供指导意见。换言之，一个男孩在精神上成长为一个男人要通过对父亲的效仿，借助父亲的力量和激励，如果他觉得爸爸犹豫或害怕承担父亲的角色，这个男孩就会觉得失望，觉得失去了榜样。

爸爸应该分担管教孩子的责任

我认为爸爸应该平等分担管教孩子的责任，如果逃避责任，妈妈可能就不得不成为教育他的那个人！

爸爸应该知道，逃避管理和约束孩子的责任并不能帮助他的儿女，事实上，可能让他们更加焦虑，就像我上面所说的那样。这不意味着爸爸应该和孩子作对或威胁惩罚孩子。最好的管理，无论是在家庭、公司或是学校，都要用一种实事求是和友好的方式来进行，让孩子（或是下属、学生）知道错在哪里或哪里有误解，不要暗示对方无能或居心不良。然后，好父母和好领导会清晰地说明他们期待什么表现，语气中表现出相信孩子下次一定能把事情做好。

因为它关系到所有的家庭，所以最重要的是爸爸应该知道当他在指导孩子的某种行为时，不要把它想成一件只是令人不满和生气的事情，就像记忆中我们从父母批评和命令我们时的脸色和语气中所感受到的那样。爸爸在孩子眼里是个受尊敬的、力量强大的人，是他们想要效仿的人，展现了他们的信念、理想和力量的来源，就像他教导他们的那样。这在妈妈身上也完全适用。所以，孩子们觉得他们可以从对爸爸的效仿中获得力量和智慧，特别是当爸爸保持友好并避免对孩子暴躁敌对时。因此，从管理和控制的角度来说，纪律不应该被认为是令人不快的事情，而是积极领导和激励孩子的机会。

在一些家庭中，如果爸爸没有参与到纪律管理中来，父母双方就应该认真讨论一下分担纪律管理角色的必要性；当父母双方都已经参与进来时，就要把焦点集中在管教行为本身对孩子的示范作用上，这会帮助他们理解在孩子成长和发展过程中父母双方影响的重要性。

孩子的说谎问题

6岁以前孩子的“谎言”

一个4岁的孩子告诉你，他觉得有一头狮子住在离家不远处的灌木丛里，他这么说是什么意思呢？一个5岁的孩子，6个月以来，一直向你讲述一个他假想中的玩伴的所作所为，这个伙伴经常有些奇异的冒险经历，或者经常被批评犯了错误，而这些错误实际上是这个孩子自己曾犯过的。为什么会出现这个假想中的玩伴呢？一个10岁的孩子笨拙地篡改他不太好的成绩单，那么，我们猜猜这是为什么呢？

6岁以前的孩子有几种“谎言”，我们应该看清它们的区别。从3岁开始，孩子的想象力通过讲故事、想象游戏和假想的朋友，渐渐被父母和其他人所认识，这种学前儿童的想象力可以看作他们的大脑成熟度的一个信号，这个信号中包含情感生命的成熟，也包含思维过程的成熟。父母会惊讶于孩子的想象力发展与语言技巧发展之间的密切关联。

这个年龄段的孩子不能清楚地区分现实与想象，所以一个喜欢听冒险故事的4岁男孩告诉父母有头狮子住在离家不远处的灌木丛里，并不是想骗你或谋得什么好处，他是在分享一个奇妙的故事，就像父母给他讲了许多故事一样，没有必要小题大做。事实上，父母应该把这看作孩子发展过程中的一个重大飞跃，所有父母应该这样告诉孩子：“你编了一个精彩的故事。”

另一方面，如果一个4岁的孩子经常讲述恐怖的、没有真实发生的事情，并且在其他方面也显示出不同寻常的焦虑信号，比如，害怕别的孩子，经常做噩梦，在购物中心非常害怕与父母走散，那就需要请儿科医生或心理专家来对这个孩子进行评估诊断了。在这种情况下，想象中的故事往往是许多其他焦虑情绪的征兆。

如果妈妈看到她3岁的女儿过于嫉妒、吝啬，抢走正在哭泣的1岁弟弟的推拉玩具，拒绝还给他，还想欺骗妈妈以逃避责骂和惩罚，从哪个角度看，这都是一种说谎行为。在这种情况下，如果父母能从她以往的行为和现在心虚的表现判断出这肯定是个谎言时，明智的做法是不要问她原因，直接跳到下一步，说："我知道有时候你希望他不存在，但是我不能允许你伤害他。"因为询问一个孩子是否做了错事，只能让孩子出于自卫编出更多的谎言，也会让父母更难处理眼前的情况。

一个年幼的独生孩子拥有一个假想中的小伙伴，他可以经常与之分享奇异的冒险故事，这是一种常见的正常现象，这种现象经常会发生在那些朋友有限或交际甚广的孩子身上。然而，如果孩子与其他小朋友一起玩耍的经验很有限，父母就要带他一周几次到有其他同龄孩子的地方去玩。能不能送他去上幼儿园或是日托中心呢？这是个办法，如果孩子渴望同伴，他就会有这种社会需要。

小男孩如果经常用假想中的伙伴来为自己所犯的错误承担责任，是否也是因为他感到孤单呢？他的父母是否给他设定了过高的标准，让他经常为一些小过失之类的事情觉得内疚呢？一般的孩子对那些过失根本不会当回事。如果是这样的话，对父母的建议就是要降低他们的过高期待。

6岁以上孩子的说谎行为

为什么不能让孩子继续尽情讲述奇异的故事，或是把自己所有的小过错归咎于假想的伙伴呢？我当然不想压制孩子的创造性想象力，这在他们整个学校教育过程中和大部分的职业生涯中都具有重要价值，并将成为社会生活中的一笔财富。但是我不认为我们应该让孩子在长大后（超过6岁以后）还搞不清楚什么是真实的，什么是不真实的。那样的话有时会导致一个人成年后还在说一些荒谬的谎言——关于他自己和他的那些惊人之举，甚至当谎言对他没有一点好处，并且到时候肯定会被揭穿时，他也会说谎。这样的成年人从不接受任何批评，即使他的错误证据确凿，他也会把指责转向别人。他非常不可靠，让每一个和他打交道的人都感到愤怒。

讨论6岁以上孩子的说谎行为就比较容易了，因为他们知道真实与非真实之间的区别。学龄儿童最普遍的说谎内容是学业成绩，在许多学校里，一些孩子觉得他们面对的是僵硬死板的成绩标准，认为老师试图审判他们，并会用曝光、羞辱或不予升级来惩罚他们，父母则可能会加上他们自己的不满和惩罚。

低于平均水平的学业成绩有许多原因，比如，低于平均水平的智力，或是在阅读和数学方面的特殊学习障碍，而两者都没有被发现和评估出来，或没有采用合适的教师配置和矫正方法。一个从没有在家读过书或做过算术的孩子，可能在刚上学时表现出学习技能的薄弱。教室中的粗心大意和破坏行为可能是先天气质类型的结果，让孩子更容易产生注意力缺陷或情感问题，分散了学业上的注意力。

我列出一些问题范围来提醒大家，对许多学龄儿童来说有多少始料未及的困难，并解释了当孩子遇到麻烦，或无法对老师和父母说明白问题是什么时，为什么说谎有这么大的吸引力。对于任何在学校生活中遇到的问题，无论孩子有没有说谎，首先要做的几件事是：咨询老师和校长，让他们对问题进行评估，根据教育和心理测评提出建议，再决定是求助于学校咨询师，还是转介给儿科医生或心理医生。

当发现孩子修改了成绩报告单，偷拿了其他孩子的交易卡或妈妈钱包里的钱，或是偷了某个商店里的东西，解决这类道德问题的第一步是让孩子承认说了谎，并要向遭受损失的人道歉。父母可以陪同羞愧不安的孩子一起，甚至作为孩子的代言人，向人家道歉说：“他很抱歉，他不会再做这样的事了。”

如果孩子对兄弟姐妹或朋友说谎，比如摔坏了玩具，同样也应该运用迅速道歉的规则。

但是，如果没有绝对的证据证明孩子说谎，我前面说过，询问年幼的孩子是否说谎，可能只会让你得到另一个谎言，而且你问得越多孩子会越顽固。更有效的办法是，当你根据孩子以往的行为表现和眼前的忐忑表情几乎可以断定孩子在说谎时，你可以说："我认为你对我说了谎话（或是对其他人），我希望你和我说实话，我也会对你说实话，这样我们可以一直彼此信任。"然后不要等他回答这个问题，而是接着必须要向说谎的对象道歉。如果道歉对象不是你而是别人，就要商定计划尽快去拜访人家。如果发现是你错了，就要真诚地向孩子道歉。**如果你没有足够的证据确认孩子说谎就不要把它当回事，让它过去，如果他真的说谎了，将来这个问题会有机会暴露出来的。**

你可能觉得道歉不足以惩戒孩子，但是父母的行动比任何说教给孩子留下的印象更深刻。父母急切地带着肇事者去向遭受损失的人认错，这对孩子是一次生动的教训。

此外，在处理任何道德问题时，父母最好要始终保持对孩子的信任，表现出你们相信孩子，只要理解了人们对错误行为的感受，孩子是会改正他的行为的。而如果父母表现出对孩子的惊骇和厌弃，则会让孩子寒心。

如果孩子认识到错误也道了歉，但还是继续习惯性地说谎，这表明问题比只发生一次或偶尔发生要严重多了，那么就有必要向心理健康方面的治疗医师，包括发育行为儿科专家、心理医生或家庭社会服务机构去咨询了。

无论孩子是第一次说谎，还是变成了习惯，重要的是你要用行动表明你还是爱他的，希望与他亲近，相信他迟早会改掉说谎的毛病。

第五章
理解孩子的世界：儿童交往能力的发展

游戏是儿童的“工作”

父母要理解和欣赏游戏的价值

对成人来说，游戏意味着像游泳、棒球或者高尔夫这类的活动，只是为了消遣娱乐才沉迷其中。我们把游戏和工作鲜明地划分开来，因为工作是维持家庭生活开销的来源，我们不把它当作一种快乐，尽管它可能会给予我们满足感。我们傲慢地把孩子们自然而然所做的每一件事称为游戏，意思是指他们只是在自娱自乐，并没有什么正经的目的。孩子与成人的这种区别，让我们看到成年人自己对工作和游戏的态度是混乱不清的。

大多数孩子的游戏是一种非常紧张的工作，凭借脑子里冒出的直觉本能来安排和支配游戏活动，促使孩子在某些重要能力的发展上获得学习和成长。但是同时，孩子的游戏是令人兴奋和快乐的，那就是吸引他们投入其中并坚持做下去的原因，直到他们对自己掌控游戏的能力满意为止。

一个18个月大的男孩从一个木头盒子里拿出许多彩色的积木块，仔细地把它们在地板上摆成一行，或者把几块积木一块压一块地搭高，然后再一块一块地把积木扔回盒子里；不一会儿，他又改了主意，重新再把积木拿出来摆放和搭高。他一遍又一遍地重复这些步骤，非常勤奋认真地全神贯注于这个活动，直到被叫去吃饭。

一个两岁半的女孩抓着一支紫色的蜡笔，乐此不疲地在床单或纸上乱涂乱画。尽管她看上去被她的工作深深吸引，但她并不是在努力描画出任何东西或人物，她只是在完成画画的动作，用蜡笔这儿画画那儿画画，把笔使劲按压在纸上，有多大劲儿使多大劲儿。

一个成人旁观者可能得出结论，这些孩子在享受一些简单的快乐和游戏。然而对很小的孩子来说，画一张画或者搭一座积木塔，需要和将来学习阅读、计算数字一样集中精力并付出努力。当他们完成游戏时甚至也能体会到一些满足感，但是活动本身并没有带来看得见的快乐，只是全然的专注。**成人很容易忽略孩子在其中付出的努力，因为我们把工作和游戏截然区别开，我们认为工作是义不容辞的麻烦事，而游戏是纯粹的娱乐。**我们大部分人不认为游戏是有教育意义的，因为它通常和学校里所教的东西不一样。

然而，父母理解和欣赏游戏的价值非常重要，幼儿通过这些通常是独自玩耍的游戏，自己学会许多令人钦佩的技能；通过用假装游戏来模仿成人的活动和行为，男孩女孩们开始慢慢理解做一个负责任、懂合作的社会成员的含义。

游戏是孩子认真的探索和试验

在孩子出生后最初的6～12个月里，他们会把伸手可及的东西都抓握在手里，从一把木头勺子到一串叮当响的钥匙，他们会没完没了地颠来倒去地把玩、啃咬、在桌子上使劲敲，如果能发出声音就使劲摇。这些活动都是认真的探索和试验，尽管和成人科学家通过窥视显微镜来分析某种有趣的新物质不太一样。

1岁时，孩子们变成了着迷于把小东西放进大容器，然后再把大东西硬塞进小容器这类游戏。推着一个有轮子的玩具（或者只是一个硬纸板箱）围着房间转可能是另一个能吸引小孩子玩上个把小时的游戏，它会让这个年龄段的孩子用几个月的时间，发现在操纵玩具转啊转要碰到墙壁和桌子时，怎样才能避开障碍物。他们也要花几个月的时间才能认识到，推动一个大的物体要比拉动它省劲儿。孩子们用在这些任务上的耐心和决心，证明了游戏是一件多么重要的事情，他们自己学会一些简单的操作技能具有多么高的重要性。

父母和一些专业人士很难理解，为什么婴儿学习某些游戏技巧时要花那么长的时间，同时又能以惊人的速度学会其他一些事情。举例来说，一个爱冒险的1岁孩子可能用一个下午的时间，自己学会怎样手脚并用地迅速爬上一段楼梯，这是一项既需要协调性又需要勇气的非凡技艺。然而同样是这个孩子，可能努力了好几天硬要把一个大三角形积木填进一个小三角形的孔洞里。正如瑞士心理学家让·皮亚杰在对儿童发展里程碑式的研究里揭示的那样，幼儿会以自己的方式、按自己的速度来学习这些技能，父母有必要尊重大自然神奇的时间表，而不是在孩子还没有准备好的时候试图迫使他们掌握某些技能。

当然，在不逼着孩子胜过别人的情况下，父母有许多办法参与到孩子的游戏当中。有节奏的拍手游戏或躲猫猫游戏很可能会让1岁的孩子发出一阵阵开心的笑声，两岁的孩子可能会喜欢和父母一起画画。只要父母让孩子在大部分时间里积极主动地参与进来，这些亲子共同活动都是非常好的。事实上，孩子发现父母听自己的指挥时会很快乐。但是，有一些父母（我也是其中之一）抵制不了引导游戏的诱惑，他们要是看到有机会让游戏更完善、更刺激，就会强行引导孩子这样或那样做游戏。我记得多年以前，我看到我的小儿子试图推动一个玩具火车头穿过地毯到另一边时，“不要，不要，”我说，“我们必须把它放在轨道上，像这样。”结果很快他就跑到一边去玩他自己的新游戏了。

在16个月到两岁之间，孩子们开始花越来越多的时间观察父母并试图模仿他们的行为。他们被日常生活任务深深吸引，不论是打扫卫生还是驾驶汽车。两岁的孩子可能会用一下午的时间，专心致志地在沙坑里准备一顿假装的美餐，用勺子在一个碗里搅打“鸡蛋”，称量出“盐”和“胡椒粉”混合起来，把水倒在上面。这些游戏通常都是一个人玩，这个年龄的孩子会模仿别人的游戏，但是还不会加入其他小孩的合作游戏。

为什么3岁以下的孩子满足于独自玩耍呢？因为在这个年龄阶段，他们还没有体会到人与人之间强烈而慷慨的爱心以及合作的快乐。婴儿的爱首先是直接指向他们的父母，并且以依存关系为基础，他们爱那些可以依赖并为其提供所需之物的人，无论是食物、在陌生地方的安全感，还是受伤后的安慰关怀。

因此，试图让孩子在3岁之前学会分享是徒劳的，甚至会事与愿违。两岁的孩子是特别自私的，他们知道什么是属于自己的，会全力以赴地保护自己的玩具，唯恐有人拿走。如果看到别的孩子拿他的玩具，他会尖叫："那是我的！"并且把玩具抢回来。如果有兄弟姐妹想要帮他搭积木，他会把所有积木块都藏起来，并拒绝任何帮助。无论如何，他可能更喜欢"平行游戏"，观察别的孩子在做什么，再模仿他们的活动。

当父母强迫一个两岁的孩子和小伙伴分享他的玩具时，这个孩子会觉得被出卖了，他不仅觉得别的孩子要偷他的东西，而且他的父母也是同谋！结果，这个孩子会变得更加自私而且害怕与人分享。如果父母耐心等待，直到孩子显示出共同游戏的兴趣时，再鼓励孩子分享就好多了。达到这个目标最好的办法是，提供建议，让分享变得有趣。"你用小车拉查理，然后他再拉你，"父母可以这样对孩子说，"你做公交车司机，查理来坐车，然后查理当司机，你来坐车去兜风。"如果孩子拒绝建议，那么最好再等一个月再来谈这个话题。

三四岁的孩子可能还是花很多时间独自快乐地玩耍，但是他们也开始接受和同龄孩子一起合作游戏的快乐，特别是如果先前他们有机会一起玩的话。同样，在这个年龄的孩子们强烈认同他们的父母，他们模仿父母的行动，像父母一样说话，像他们一样走路。在这个年龄的孩子中最受欢迎的游戏是"过家家"，男孩对女孩说："我来当爸爸，你来当妈妈，娃娃是我们的孩子。"于是每个孩子都扮演起自己的角色，常常要玩几个小时。男孩会假装去办公室上班，去商店买东西，或者照顾孩子，如果他的爸爸是这样做的话；女孩会在许多行为细节上模仿她的妈妈，做家务或在外工作，模仿妈妈的用词和说话的语气。

在“过家家”游戏中，扮演爸爸的孩子可能需要抚慰哭闹的宝宝，或者帮助两个吵架的兄弟姐妹解决冲突，他还要想办法和妈妈一起分担家庭日常生活的责任。一个扮演幼儿园老师的孩子或许要夸奖他的弟弟妹妹完成了一份拼图游戏，或者批评他们的错误行为。通过这些方式，孩子们开始理解做个男人、女人、工作人员和父母意味着什么，他们学习怎样负责任、待人公平、周到和充满爱心，培养起基本的人生理想和人生态度，那将会影响他们一生。

游戏活动不应该被干扰

不幸的是，在我们的社会里，学校教育在儿童教育中扮演了重要角色，许多父母忽视了游戏的巨大价值，并渐渐变成更关心三四岁的孩子什么时候能学会读写和算术了。

他们的假设是，早期教育会让孩子在学校和生活中始终走在同龄人前面。事实上，研究表明“被早教”的学前儿童会在很短的一段时间内学得很快，几年之后他的优势就会消失，同时还有可能在社会性和情感发展方面落后于他的同龄人。

我们经常会看到，那些在日托中心或幼儿园里只会玩“过家家”、玩商店游戏或玩公共汽车游戏的孩子，大人担心他们宝贵的时间就这样被浪费了，不如更聪明地花在掌握读、写、算上面。但这是本末倒置，三四岁的孩子很自然地被角色扮演游戏所吸引，这样他们就能理解怎样成为一个负责任的成人。至少在上学前班之前，孩子们这些有价值的游戏活动不应该被正式的学校教育所干扰，即使上了学前班，也应该在白天为他们提供足够的时间玩角色扮演游戏或其他游戏。

回答一个好奇的4岁孩子关于某个数字或字母怎么念的问题是不会有什么害处的，我所反对的是迫使老师建立系统课程计划，来对学龄前儿童进行学科教学。

通过童年早期的游戏，孩子们可以练习一些每个人都要学习的最重要的技能：合作、分享、与人友好相处和关心他人，学习怎样成长为一个成熟的男人和女人、父亲和母亲，这些品质都是让世界正常运转，并帮助人们在成年后的生活中获得成就和快乐的基本要素。我们应该感谢大自然特别赋予小孩子一段时间，让他们那么专心致志而满腔热情地去学习那么多有价值的技能。

平息兄弟姐妹间的“战争”

父母要以不同方式欣赏不同孩子

引起同胞兄弟姐妹间竞争与敌对的原因有许多，我们人类属于具有“社会等级”的物种之一。我们生来就很容易彼此怀疑，看别人是不是比我们得到的更多，比我们享受到的更多，包括关注、特权、报酬、爱和衣服等，不只是孩子，成人也是如此。

你可以肯定，如果父母明显地偏爱一个孩子胜过其他孩子，那个较少被爱的孩子身体中每一个细胞每时每刻都会感知到这一点。但是，我不是因此就说父母应该分毫不差地同样爱每一个孩子，那是不可能的，因为每个孩子都是不一样的，父母要以不同的方式欣赏不同孩子身上的不同品质。你喜爱性格温和的孩子，因为他温顺礼貌；你喜爱你称他为“男子汉”的男孩，因为他洒脱不拘；你喜爱你称之为“假小子”的女孩，因为她镇定自若。某个孩子可能明显比别的孩子更容易让你生气，但是这并不意味着你对他的爱比较少，事实上你会说“他和我非常相似，我们彼此能够理解，那就是我们会用错误的方式互相激怒对方的原因”。

我注意到家中的老大和老二之间的竞争要比老二和老三之间更甚，尽管这种事情并非总是发生。这里有个因素是老大曾有几年时间独自拥有父母的爱，所以不习惯与人分享父母的关注，而老二和老三不得不从一出生就在分享父母的关注；而且老大还要通过把自己假想成家中的一个大人来克服一些竞争带来的痛苦，他用一种傲慢的态度对待小宝宝：“瞧，妈妈，他把麦片粥搞得真是一塌糊涂啊！”

老大在人际关系方面容易比较敏感，和别的孩子一起玩时容易表现出犹豫不前，当那些孩子不考虑他人感受、举止粗鲁时，老大更容易受到感情伤害。相比之下，老二容易立刻开心地和陌生孩子打招呼，容易和陌生人建立友好关系。在身为老大的孩子当中，这种日渐增加的敏感是一种自尊心下降的表现，有可能会影响终生。

细心的父母看到老大的社会敏感性，很容易把这完全当成缺点，但是这并不是缺点。因为他的敏感，他更有可能认识到他人的问题，并在被称为助人专业的领域里谋求事业发展，包括教育、社会工作、护理、心理或是医学领域。因为他的严肃认真，他更容易在工作中取得成功。老大在学校中更容易取得好成绩，做事更负责任，大部分父母欣赏孩子的这些品质。

处理兄弟姐妹之间的较量

完全抛开老大的嫉妒心理带来的特殊问题和优势，我们来关注普遍存在的兄弟姐妹之间的较量，不论这个孩子是老大还是老五。

从父母的视角来看，兄弟姐妹间的这种争执比任何东西都会破坏为人父母的快乐，在一些原本健康的家庭中，家里随时随地都能听到这种没完没了的吵闹，有时在邻居家里也会继续吵。

第一次认识到父母的态度对兄弟姐妹间竞争有多大作用时，我很吃惊。一对夫妇有三个儿子，他们经常处于互相埋怨、大喊大叫和你争我夺没完没了的吵闹之中。祖父母邀请小夫妻俩去度两周冬假，但孩子们不在被邀请之列。尽职尽责的妈妈每天晚上给家里打电话，以为会听到保姆抱怨孩子经常打架并且威胁要辞职，但是听到的却都是完美的报告。当父母回到家里时，他们看到男孩们蜷坐在沙发里听故事，做游戏时也是那么安静。而这位中年保姆一点儿也不让人害怕，甚至也不严格，她是用彬彬有礼的态度和这些男孩相处的。

妈妈对孩子们非常尽心，但她经常是急躁的，在与孩子们打交道时总有一种挫败感。她对孩子有许多抱怨和指责，但是你可以看到她一点儿也没有想去改变他们。我觉得孩子们从妈妈那里得到的信息就是要互相激怒和互相谴责，在每次争吵中嗓门最大的抱怨者希望能让妈妈站在自己这一边，但是别指望妈妈会这样做。在每次开始争斗之前，妈妈和三个儿子就都已经失败了，谁也控制不了局面。

这位保姆给男孩们创造出一种完全不同的情形。男孩们知道保姆责任在身，希望他们保证按照她的要求去做，但是她没有必要发脾气或生气；她可以保持平静和慈爱，因为她对自己和她照顾孩子的能力有信心。她很可能是由一位平静、自信而慈爱的妈妈抚养长大。

我不是说每个人都会严格遵循他们父母的管教模式，这里有许多因素会起作用。一个孩子可能与父母的某一点相像，另一个孩子可能却变成与这一点正好相反。但是每一位爸爸妈妈抚养孩子的方式，无论如何都会受到自己父母的抚养方式的影响。

怎样帮助你的孩子避免或减轻兄弟姐妹之间过分竞争的痛苦？怎样帮助你自己避免经常急躁恼怒？怎样帮助你的孙子孙女们避免互相制造痛苦？怎样帮助他们长大成人以后避免做一个爱嫉妒的爱人或工作伙伴呢？

避免家里第一个孩子认为自己是唯一的。他们一会走路，我就会带他们去有其他同龄孩子的地方玩，无论是游乐场，还是邻居家的后院，或是一所幼儿园。他那时还没学会玩“合作游戏”，但是他会从“平行游戏”中获得经验，并且认识到世界上还有很多其他孩子，那些孩子会毫不客气地抢夺他的玩具并想拿回自己家去。同时，平行游戏给了孩子与其他孩子近距离玩耍的经验，可以观察到其他孩子的反应。

我认为，当一两岁的孩子陷入一场争斗时，明智的做法是只要他还没有被另一个年龄大一些或是更具有攻击性的孩子所打倒，就不要急于介入。如果你不得不介入，也要做到态度平静，好像这就是生活，你只是为了让他们停止打斗。换句话说，不要做得好像那个打人者是个恶魔，你必须拯救这个无助的孩子，要让他渐渐学会为自己而战，只要他们之间战斗的胜负不是太一边倒。如果你的孩子经常在某一个地方被欺负，那就看看你能否找到另一个没有人欺负他的地方。

在处理两个孩子之间的争执时，我认为明智的做法是不必问由谁先开始的，孩子们从不承认是自己挑的头。每个人都能编出一段证明他反击有理的故事情节，这样做真正的用意是，每个人在争执中都希望赢得父母对自己行为的支持，并谴责他的对手。

我妈妈像她自己的妈妈一样，总是希望她的孩子们拥有良好的用餐礼仪，我清楚地记得我是怎么在餐桌上监督我的兄弟姐妹的。当机会来临时，我会对妈妈说："贝蒂嚼东西的时候把嘴张开了。"我妈妈就会说："贝蒂，嚼东西的时候把你的嘴闭上。"我为自己赢得了1分，还觉得自己是非常正确的。多么势利、多么古板的人啊！

我过去经常假设兄弟姐妹之间的争执是不可避免的，并建议把这当作为人父母所要付出的代价之一来容忍，现在我绝对不同意这个观点了。我们的国家和整个世界已经有太多的怨恨和暴力，而且越来越糟糕，如果我们不让暴力得到控制，并代之以关心、友善和爱，我们会毁掉我们自己。我相信我们可以从家庭开始，从我们与孩子和他人的关系开始做起。

孩子会模仿他们的父母和其他成人。**父母必须记住，孩子与他们在一起时时刻刻都在观察他们，父母应该努力给孩子树立一个好榜样，彼此尊重，并尊重他们的孩子，不再有更多的惩罚，而要有更多的尊重。**

当孩子开始争吵或开始动粗时，我现在认为父母应该制止他们，靠近孩子，坚定地看着他们的眼睛，用一种平静、亲切的态度对他说："你这样对待妹妹会让她很难过，也会让我很难过，我希望你下次要想到这一点。"这样做比对孩子大喊大叫或是给他一记耳光，效果要长远得多。

帮助不受欢迎的孩子

避免培养出不善交际的孩子

我从最基本的问题谈起，怎样避免培养出不善交际的孩子。

首先，我们应该认识到，孩子天生就有非常不同的个性，有的非常外向，精力旺盛，对身体上或社交中的伤害相对不那么敏感，在任何情况下都能和人友好相处。而另一个极端是谨慎的、安静的、敏感的人，情感上容易受到伤害，一旦受到伤害就缩回到自己的“壳”中。作为父母，你有可能多少改变他们一些，但是不可能把他们变成另外一种人。

许多长子不太善于交际，尽管他们可能随着年龄的增长而有所改变（正如你们从我对他们的同情中发现的那样，我就是长子）。他们从婴儿时起就倾向于把自己当成一个小大人，他们心无旁骛地以父母为榜样，因为他们没有年长的孩子可以效仿，所以他们倾向于比老二、老三更认真、更成熟、更努力、更自觉。他们可能不太会无忧无虑、不太爱玩闹，所以，他们要具备社交能力不容易。

假设家里第一个孩子是个女孩，她从两岁开始被其他孩子所包围，直到6岁。一开始她还没有准备好面对这些孩子的吵闹、游戏中的粗鲁、喜欢抢东西的癖好，他们吓坏了她，让她望而却步。她已习惯于父母以及父母的朋友礼貌和周到地称赞她、讨好她，而且不对她提要求。她对其他孩子至少会有点儿猜疑和讨厌，这会表现在她的表情和举止上，从而阻碍了别的孩子接近她，这样就有些恶性循环了。

在我们继续讨论怎样帮助不太受欢迎的孩子之前，我们应该问一问这件事有多么重要。我的印象是大多数美国人比我去过的其他国家的人们更看重社交能力，我们都倾向于认为每个人都应该付出最大的努力以讨他人喜欢，对孤僻、古怪的人侧目而视。举例来说，无论是在英国还是在法国，人们都倾向于得到充分的尊重，孩子或是成人无论是沉默寡言还是傲慢自大都能得到欣赏。

世界上一些伟大的作家、艺术家、作曲家和科学家都是那种腼腆的、相对来说不太善于社交的人，看上去他们与社会的疏离、不参与童年的打打闹闹，让他们有机会把更多的精力和创造性集中于一些特殊的兴趣爱好，并专注于他们后来所选择的事业中去。成年后他们会对亲人和朋友充满爱心和责任感。但是这并不意味着父母只能在孩子受人欢迎和取得成就两者之中选择其一，他们可以把两者的合理平衡作为目标。

我认为有两个办法防止老大从一开始与人交往就不顺利。首先是从出生开始就要避免把他放在中心地位，但这很难做到。因为父母很自然地会把注意力过多集中在第一个孩子身上，对他取得的哪怕最微小的一点成绩也会极为骄傲，会整天陪他做游戏，每当看到他会爬、会蹒跚学步时都会为他喝彩，爬高的时候会护着他。父母有节制地去做这些事情是正常的、有益的和重要的，但是老大往往得到数倍于老二的关注，而且数倍于孩子所需要的关注。所以，他在成长中可能会期望得到大量的关注和赞赏，如果没有得到就会觉得愤怒。别的孩子不能给予他这些关注和赞赏时，他就不喜欢他们，弟弟妹妹的到来会让他觉得很受伤。很多情况下老二、老三更容易被父母忽略，但是他们是善于交际的孩子，他们会积极主动地接近父母或其他孩子，热情施展自己的魅力，他们通过积极参与社交活动来学习社交技巧并得到回报。无论如何，我不希望你得出的结论是应该忽略老大，而是要接纳他多数情况下不会主动与人交往的特点。

另一个更重要的办法是，从孩子会走路开始就带他们去其他孩子玩耍的地方，如游乐场、公园、家庭后院等，3岁时送孩子去上幼儿园或日托中心（我不是指所有的孩子都应该上幼儿园，只是说这是孩子学习社交能力的好办法）。在这样的场合中，孩子们会习惯于打打闹闹的游戏，在他们年龄足够大，开始有自我意识并有了受伤的感觉之前，学会享受这种游戏。当我建议父母找到一处小孩子和妈妈聚集的地方时，他们有时会说："我们的邻居里没有小小孩。"那太糟糕了，不过这不是充分的理由，你只需要往稍远一些的地方找一找。

重申一下，我想表明这样一种观点，3岁以前的孩子不太会玩合作游戏或分享玩具，所以父母不应该去强迫他们，那只会让两岁多的孩子对自己的东西占有欲更强，他甚至会觉得连自己的父母都想抢走他的东西。

帮助不受欢迎的孩子

在一所好的幼儿园或日托中心里，配备了受过良好训练的老师（每位老师照顾不超过5个孩子），这些老师首先关心的是帮助孩子处理他们遇到的小困难，而不是维持秩序。孩子们能不断学习彼此怎样友好相处，这是因为在这里每个孩子都习惯于被其他孩子围绕着，总是会有吸引他们的集体游戏。这个年龄的孩子开始彼此喜欢，所以也希望参与友好的游戏。老师的主要工作之一是让孩子们的注意力从争吵中转移出来，帮助他们互相欣赏，一起玩的时候分享玩具。父母也可以像幼儿园老师一样，对发生争执的孩子说："你先来拉夏洛特坐的小车，然后夏洛特再来拉你，这才好玩呢。"这对3岁多的孩子而言是个令人兴奋的发现。

当孩子们到了上小学的年龄，他们会变得对其他孩子的批评更为敏感，对自己不被大家喜爱感到更难过，这个年龄段是父母培养孩子好人缘的绝好时机。可以邀请其他孩子来盛情款待，一次请一位（两人成伴，三人成乱，最好分成两个人和一个人来邀请）。比如，去郊外野餐，去参观博物馆、动物园，去海滨游玩，去看电影、戏剧、马戏团表演和体育比赛，参加钓鱼或露营旅行，甚至可以去另一个城市做一次过夜的旅行。孩子们也很喜欢被邀请到饭店或朋友家里去参加家庭聚餐。

提供给你的这些经验，在某种意义上说是为孩子"收买"人缘，"收买”人缘是不能持久的。然而，你这样做是因为你相信孩子是很可爱的，只是没有机会去表现，因为他很害羞而且处于防御状态，或者因为小集团性质的孩子帮派没有给他加入的机会。8～13岁的孩子有结成小集团的特点，而且歧视新成员和圈外人。

父母也可以温和地、充满同情地向有点儿自私的孩子指出，如果他能大方一些，别的孩子会更喜欢跟他玩，他也会感觉更好。这样做工作比责备孩子更好。父母可以鼓励胆小的孩子用友好的方式去要求他希望得到的东西。

青少年的问题就更加复杂了，他们自我意识非常强，非常害怕来自同龄人群体的批评指责，不希望他们的父母以任何方式干涉他们的社会生活。另一方面，他们大多数人是那么愿意和渴望拥有亲密的人际关系，首先是同性关系，他们想办法找到一两个情趣相投的朋友，这样就能让他们忽略在大群体中不受欢迎的感觉。

有的孩子会有一种异常强烈的不受欢迎的体验，他们可能是攻击性特别强的孩子、一个朋友也没有的孤僻孩子、回避男孩只想和女孩玩的男孩子、看上去总是给人捣乱的孩子和对没有人喜欢自己极为难过的孩子，这些孩子应该得到咨询师的帮助。请孩子的儿科医生、家庭医生或护理医生启动评估程序是个好办法。

作为父母，我们大多数人会希望孩子受许多人的喜爱，有许多真正的亲密朋友并同时拥有良好的个性品质，但是我们不能希望每个孩子都拥有这一切。从长远来看，我会把良好的品质和浓厚的兴趣放在优先地位，再加上至少找到一个让自己满意的朋友的愿望和能力。如果一个儿童或青少年碰巧能做到拥有许多朋友和特别受人欢迎，那是个美好的额外收获，但那不是美好生活的基本要素。事实上，有的青少年因为长得漂亮英俊、有自信而且和善可亲而极受大家欢迎，后来却弄得自己精疲力尽，因为他们不具备能给生活带来长久意义的品质。

而大多数童年时腼腆害羞的人，长大成熟后会摆脱这个特点，并且逐渐拥有令人满意的社交能力。

同龄人会对孩子造成压力吗

同龄人压力的挑战

青少年中的同龄人压力对孩子来说是一件令人恐惧的事情，对父母来说也是如此。有史以来在这个年龄段，孩子会面临许多基本价值观的挑战，要求性自由的孩子越来越低龄化，致使少女怀孕的数量日益增加，甚至有的孩子在很小的时候就接触了毒品和酒精。

同龄人压力具有令人吃惊的强大影响力，能让喜欢和渴望睡懒觉的女孩，在漆黑的冬天早晨五点半就从床上爬起来，为的是洗头、吹干并定型；能让本来正常的学生对自己取得的好成绩感到羞耻；能诱使平时守规矩并尊重父母的男孩女孩去喝酒和吸大麻，至少是尝试过。

同龄人压力实际上有两个方面。一方面我们可以称为主动向他人施加压力，当另一个孩子对你的孩子施加压力时，要么承诺会给他带来快乐，要么会嘲笑你的孩子是个胆小鬼。一个孩子对另一个孩子这样做是因为如果能让别人——特别是家教严格的孩子——和自己一起做被明令禁止的事情，他们就会觉得自己做的事有了正当理由。

同龄人压力中另一个方面是被动接受他人施加的压力，也是力量更强大的一面，是你的孩子需要遵从其他孩子所做的事情。

在我们假定同龄人压力永远是父母的敌人和人类文明的敌人之前，我们不妨试着去客观地研究一下。同龄人压力如此强大和普遍，它一定有一个重要的目的，我相信它的产生与对父母的叛逆有关，是为了让你希望最终离开父母的家，找个工作，结婚，建立自己的家庭，否则还是像孩子似的依靠父母生活对你来说会更实用些。但是我们人类是需要归属感的人，在青春期这个过渡阶段，我们在没有抓住别的依靠时，是不会放弃手中这一份依靠的。

你可以看到一个挺滑稽的现象，美国人在异国他乡旅行时如果想家了，想念家里做的饭菜，想念家乡的风俗习惯和家乡话，这时如果他们发现另外一些美国人就会欣喜若狂，即使他们之间并没有什么其他共同之处。你也可以在青少年自杀事件中看到人缺少归属感的最严重的表现形式，那些青少年没有群体可以归属、没有信仰可以支撑。还有许多青少年加入教会，少数人变成狂热的信徒。所以，紧紧依附于同龄人并不是魔鬼撒旦的邀请，而是一种让自己保持心理健康以免迷失的方法。等你的工作稳定下来，开始自己的家庭生活之后，你就会放松这种希望受同龄人欢迎的奴性依赖心态，因为你会觉得自己已经成为某个团体或社会的正式成员。

20世纪60年代嬉皮士的装扮模式彻底颠覆了人的外表形象，70年代的超短裙，还有20年代新潮女郎对舞会上穿束身衣和礼仪规范的反叛，那时甚至连女性吸烟都被认为是令人震惊的事情。通过了解这些过去几十年里发生的事情，我们可以得出一个观点，受同龄人压力而产生的、曾让父母惊恐的青少年习俗，并没有破坏社会，也没有毁掉所有的年轻人，事实上他们现在看上去相当的驯服。

每一个规则宽松的历史时期，迟早都会跟随而来一个礼教森严的时期，青少年的同龄人压力也在其中起到了一些作用。

今天，有许多地方的服装款式在引人注目和更为正式之间摇摆，最后会影响到所有的青少年。好莱坞制片人报告说，青少年讨厌那些详细演示性行为和性偏好细节的电影，因为看电影时他们是在约会，是和同龄人在一起，处于一种更加温柔含蓄的爱情体验之中。我要说，正因为他们获得了观看任何电影的权利，所以，与其他年龄群体的人一样，他们内心深处的品味和柔情便自然地显现出来。报告还说吸食大麻的年轻人也在减少。

父母保持对孩子的最大影响力

父母怎样才能在孩子叛逆时期仍保持对他们的最大影响力，使孩子不太会在有可能伤害他的同龄人压力影响下脱离正轨呢？

首先他们应该认识到，要想让青春期的孩子保持稳定，不能靠父母的警戒、规则、恐吓或威胁，而要靠孩子对父母的尊重，靠他们内心渴望自己成长为像父母一样的人，才会让他们回归到儿时的路途上来，特别是回到3～6岁的阶段。在6～7岁之前，孩子们并不认为那些理想来自他们的父母，而认为是来自他们自己。

最有效的接近青少年的方法是通过改变亲子谈话的态度和方式，但是这并不容易。对父母来说容易出现的情况是发脾气，跟孩子对抗，摆老资格讲自己的经验，或者毫无耐心地打断孩子和居高临下地对孩子讲话。最为重要的是，青年人希望自己被当作成年人，而那经常是不太可能的，因为他们没有经验，而且父母要对他们负责任。亲子之间尽可能地保持成人对成人式的交流方式是值得尝试的，这意味着当孩子希望和你谈一谈的时候你要随时恭候，宁可抽出更多的时间也不要打断孩子，认真而理解地倾听（要说“我明白你的意思”或“我也经常有这种感觉”），诚实坦率，有幽默感，尽量放松。

青少年试图发现生活中所有他们能做的事情，他们像喜欢倾听同龄人一样喜欢听成人讲话，在内心深处他们希望了解并且也值得去了解，他们父母是怎样看待约会、恋爱、性、结婚、吸毒、喝酒、抽烟、教育、各种职业、世界上的重大事件、政治等，但是他们对征求父母的意见十分谨慎，因为害怕父母会提出武断的、教训人的规则。他们不希望父母对他们说教，或表现出只是因为父母年纪大，说的就是对的。父母可以尽情地、生动地表达意见，只要不因为自己是父母就端出长者的评判架势来，不要傲慢自大。这是因为青少年不断用自己的意见去反驳父母，但并不意味着他们没有被父母的话所影响甚至被说服。因为这么多年来一直做晚辈让他们始终处于劣势，所以他们讨厌承认自己可能是错的。

不管你对孩子的一些特别要求是多么反对，重要的是要显示出一种对孩子的动机和良好判断能力的信心，因为如果孩子认为你不信任他们，那么他们就会说："如果你们不相信我，那我把这些事情做好又有什么用呢？"

难道父母不能坚决反对孩子的某些要求并做出明确规定吗？他们当然需要经常这样做。特别是如果他们有个十几岁的孩子，孩子总是要探测父母的底线，总是想对事情做出轻率建议时，那么最后父母可以这样说："我讨厌做个让人扫兴的人，也不想对你的安全和好名声负责，如果你闯了祸是因为我让你做了什么我认为危险的事情，作为父母我会自责的，而且你所有朋友的父母也都会责备我。"

如果你通常是一位尊重孩子判断能力的、负责任的家长，大多数情况下，孩子是有可能被你明智的建议所说服的，你要尽量控制自己，不要做出武断的决定。

有时候青少年会策划出一个疯狂的计划，比如，几个15岁的孩子想在周六晚上到一个时有暴力事件发生的臭名昭著的公路边小旅馆里聚会，他们可能并不真的想这样做，但是他们希望自己有这样的勇气。当父母听说这件事以后，对他们说："抱歉，那个小旅馆已经不在那儿了。"这些孩子可能就会取消他们之前举手表决所做出的决定。

提前做出行为规定

当然，提前做出一些行为规定是父母的权利和责任。最好是在孩子刚过10岁的时候就做出规定，那时孩子还习惯于被父母管理。我列出的规则有：绝不要乘坐酒后司机开的车，孩子要告知父母是和谁一起出去，想去哪里，什么时候回家，如果时间推迟了应该给父母打电话。当孩子想去参加晚间的成人活动时，父母可以根据情况制订这样一些合理而公平的规则，如不能在没有成年人负责的家里聚会，不能在旅馆里过夜等。

如果你的孩子强烈反对这些规则，你要让他知道你的要求是合理的，告诉他你会认真考虑他的意见，并且也许会和其他孩子的父母讨论这件事。你不一定要相信他们所说的情况，比如："我知道每个人的父母都同意了。"他们并不是想说谎，只是他们不得不夸大事实以求在争辩中获胜。

有个小提示：不要试图使用十几岁孩子的俚语和表达方式，以显示你很擅长和他们交朋友，你可能用得并不正确，而且这种企图变成年轻人的做法会让他们尴尬，特别是在他们的朋友面前。

尽管如此，用幽默的方式偶尔聊一聊你年轻时候的事情，这会比较有帮助。比如，关于你父母让你感到尴尬的事情，让你害怕的冒险经历，你向父母提出的不切实际的要求，或者是让你屈服或没有屈服的那些同龄人压力。这些坦诚的交流显示出你也是有人情味儿的，并且不会忘记这一点，但是不要用过去的事情来证明你现在总是正确的，那会阻碍你正试图建立的与孩子之间的互相理解。

记住，十几岁的孩子内心常常是矛盾的，他们渴望更加独立，但是内心深处至少还有些恐惧，害怕成功摆脱约束后没有人再来照顾他们。

一个15岁的女孩曾经到我的办公室来，充满怨恨地、长时间地抱怨她的父母对她的管束太严，但是几次会面之后，她又在更多地抱怨她的妈妈忽视了她，例如，上班前不再给她做三明治，不再给她在玻璃杯里倒好牛奶，所以她不得不在中午放学回家时自己准备午饭。你会注意到，在两种抱怨中女孩都认为是父母出了毛病。

关于吸毒、喝酒和抽烟，我个人的倾向是不要逼迫孩子做出承诺或依赖规则，因为我相当肯定这些规则一定会被打破。几乎所有的青少年都渴望尝试这些想象中的快乐，至少试过那么几次，就像我们自己年少时一样。有时这个话题会在孩子刚刚十一二岁或更早的时候提出来，因为孩子对此产生了疑问或是听到了一些闲话，我会这样说："所有青少年都想至少尝试几次这些东西，我自己小时候也是这样。但是抽烟让许多人死于肺癌或心脏病，喝酒让人死于肝病，并因失业、酒后暴力和让人丢脸而破坏家庭。大部分毒品是会在身体上、心理上成瘾的。这些事情会让你在学习或生活中的某些关键时刻分散精力，比如，当你的生活即将面临重大变化，你在为上大学、找工作做准备的时候。我建议你推迟尝试这些事情的时间，直到你处于更加稳定的状态，并且知道自己在生活中真正想要的是什么的那个时候，至少是18岁以后。”我不会讲任何不科学的知识，因为青少年们了解得很多，而且他们对危言耸听和不顾事实的人都不太信任。如果作为父母，我对儿子和女儿保证说，我不会抽烟、喝酒和习惯性地服用包括镇静剂、止痛药和兴奋剂在内的任何药物，我坚信我的建议会更有可能被他们所接受。

那些在喝酒或吸毒方面陷入严重困扰的并不是稳定家庭中明白事理的孩子，而是长期处于家庭困境之中的孩子。我从这一现实情况当中得到一些宽慰。

青少年之所以会大胆尝试，其压力来自同性别的同龄人，这些孩子想通过说服别人一起做同样的事情来减轻自己的负罪感。还有一些时候，同龄人压力是来自异性的，特别是男孩。但是，在青少年早期，当他们对自己的吸引力或办事能力还没有什么信心时，男孩和女孩都有一种特别强大的内驱力去体验一些让自己更有魅力的事情。在这个阶段，这些通常短暂的魅力中可能并不包括柔情、慷慨、包容和爱。

父母怎样引导孩子初步建立对性、爱和未来婚姻的态度，在很大程度上取决于父母自己的观念和理想。有些父母会通过亲自传授、和孩子开玩笑、开家庭聚会并在聚会中玩接吻游戏的方式鼓励孩子约会。

相反，另外一些父母希望他们的孩子走得慢一些，保持一些克制，直到他们了解了自己，并且从社会经验中知道自己喜欢什么样的异性。他们希望孩子对婚姻建立并保持一种理想化、精神化的观念，把性放在次要地位。他们会鼓励十几岁的孩子参与群体活动，在监督指导下去看电影、听音乐会、参加舞会、远足旅行、野外露营，而不要成双成对地活动。他们认识到父母彼此之间的尊重和爱对孩子婚姻观的树立会产生巨大影响。在家中谈论性和婚姻时他们会避免开低俗的玩笑。他们会以不太古板的方式提醒孩子：热恋是令人兴奋的，但通常不会持久。好的婚姻可以给人无尽的满足和激励，但是需要用很长时间去找到那个正确的人。而且婚姻需要不断地耕耘、奉献和体贴关心，就像打理一个花园或是从事一份极具创造性的工作。

别拿孩子跟其他人比较

父母对孩子的感觉

有的孩子不快乐，是因为他们认为自己不如自己的朋友或兄弟姐妹受欢迎，或是不如他们成功，或是不如他们长得好看，或是不如他们能干。

20世纪20年代，我曾在大学暑假期间到一个家庭中给孩子做咨询师。在那之前，年轻单纯的我一直以为成人和孩子会实事求是地看待他们的优势和缺陷，以为他们对自己的小缺点不会太难过，严重缺陷才会让他们非常难过，如果他们非常美丽、受人喜爱或体格强壮，他们就会格外快乐。

你可以想象我的惊讶，我发现尽管这个家庭中所有的孩子都有严重的身体缺陷，但是有的孩子忧郁孤僻，有的孩子情绪平静，有的则像健康的孩子一样欢快而乐观。

在充分理解了这个事实之后，我认识到，在没有明显身体缺陷的人中，也有类似的多种情绪类型，从忧郁到充满热情。

在我做儿科实习医生时，我有了更多的想法。我想起给一个很可爱的十几岁女孩做咨询的经历，她特别肯定地认为自己的容貌毁了，别的男孩、女孩肯定会故意躲着她，因为她的鼻子上长了雀斑，每当她走近镜子的时候都会难过地盯着那些雀斑使劲儿看。

我也认识到一个重要的因素，也许是最重要的因素，父母认为某种缺陷是大还是小，孩子就会有同样的感觉。我记得一位妈妈发现她的女儿出生时听力几乎完全丧失（这意味着即使通过最好的特殊训练和学校教育，她也会有明显的语言障碍）。这位妈妈陷入了沮丧和对孩子的严重排斥，这也对孩子产生了严重的情绪影响。父母因为绝望而忽视了辅助工具、特殊训练和特殊学校教育的作用。

我也看到一个相反的情况，另一个女孩出生时也是几乎丧失了所有的听力。我第一次认识她时，她已经16岁了，尽管她说话的语音直到你慢慢和她熟悉起来才能听懂，但是她很快乐，精神状态很好，很有魅力，而且很受大家喜爱。她的父母在非常有经验的咨询师的帮助下，走出了最初的震惊和沮丧，克服了在这种情况下通常会出现的负罪感，并接受和爱上了这个孩子与生俱来的样子。他们听从专家的建议，确保为她提供所有的辅助工具、特殊训练和特殊学校教育，使她充分利用了各种教育资源。

童年早期是大部分性格形成的关键期，孩子不是像后来那样通过与他人比较来建立自我评价，而是通过感知父母对他们的感觉。父母认为孩子总的来说是好是坏，是笨还是聪明，长得好看还是不好看，天资平凡还是出众，无论他们是公开表达还是背地里含蓄地表达，孩子常常都会接受这些评价。

破坏孩子自信心的一种有效方式就是父母经常批评孩子，不加控制地表达他们的愤怒，或是很多时候只是看上去对孩子很失望。这对孩子的影响造成一种自觉不自觉的习惯性恐惧，害怕父母会不爱他们。所有年龄的人都需要和渴望被人爱，但是孩子认识到自己要完全依赖父母的各种关心照顾，他们比成人更加担心失去这份爱。然而，父母在一成不变地、经常性地指责孩子时，暗示要收回这份爱，这可能是父母最常用的对孩子施加压力以使他们服从自己的方法，它通常会在一定程度上损害孩子的自信。

一种与此类似但是不太常用的方式是，父母可能通过告诉孩子如果他们做了错事或暴露出某种品质，别人就会不喜欢他们，让孩子对自己的行为产生敏感和不安全感。我妈妈就惯于对她的六个孩子使用这种手段，这当然让我们在别人面前表现自己时感到特别不自在。

另一个导致忸怩害羞和自我怀疑的原因是把一个孩子与另一个孩子做比较，大多数父母都会发现自己正在这样做，即使是那些不相信比较和竞争的父母。因为大多数父母自己的童年就是在比较中度过的，打破自己从中成长的模式是很难的，“为什么你不像你姐姐那样认真练习钢琴呢？”“哈利·詹金斯的妈妈告诉我，他成绩那么好的原因是他每天晚上要做两个小时的功课。”“罗丝·吉本斯是个漂亮的女孩，她根本不用担心找不到一份好工作或一位好丈夫。”每一次小小的比较本身看上去都不重要，但是它们积累起来贯穿整个童年，就会让孩子深信在高度竞争的社会里，他一生都会不断地和别人进行比较。

如何对待自我怀疑的孩子

我要谈到的另一个因素是先天气质类型。研究显示，婴儿出生时具有完全不同的气质类型，这些气质类型倾向于在某种程度上依赖于不同的生活经验而保持下来。那些天生敏感而谨慎的孩子比天生活跃、性格外向、胆子大的孩子更有可能为自己的弱点而担心。

有时当一个孩子不断地对父母抱怨自己不够可爱或者不够成功时，他是在无意识地寻求确认，确认自己不仅拥有良好品质，而且是被父母所爱的。

你能为自我怀疑的孩子做些什么呢？我认为防患于未然更重要。

首先，尽量对你的第一个孩子少些关注、少些干预、少些焦虑心态，就像你可能对第二个孩子所采取的态度那样，在他醒着的一部分时间里让他自娱自乐，在他攀爬沙发和做其他具有身体挑战性的事情而没有摔伤的危险时，让他逐渐形成自己谨慎小心的习惯。等他一会走路就带他去儿童游乐场或其他邻居聚集的地方，那里有许多和他年龄、能力相仿的孩子，让他学着自己去和别人打几回架，只要他没有被打得太厉害或总是被打败就没事。

邻居中的孩子越少，从3岁开始送孩子去一所好的幼儿园或日托中心，对他社交能力的学习就越重要。

其次，在家里管理和控制孩子，要努力快乐积极地与他们相处，而不要总是禁止、责骂和羞辱孩子。可以这样和孩子讲话：“过马路的时候我们要拉着手。”“查尔斯想骑一会儿你的三轮车，然后你可以再骑。”“如果你不喜欢这个食物，你不必非得吃掉它，留在你的盘子里就行了。”“宝宝喜欢你，拍他要轻一点儿哦。”

再次，如果你的孩子已经把自己和别人进行了不恰当的比较，就要避免用争论的语气和他讲话，而要用温暖、友好的态度去称赞他所说的自己有所欠缺的特别之处，只要这个称赞不是非常不真实的，接着继续称赞他其他的好品质，用喜悦的、明亮的目光来表明你对他的爱。

如果他还是抱怨和贬低自己，耐心听他说出来，表达你对他的不快乐的同情和理解（“我能理解，觉得自己不漂亮会让你多么烦恼。”），而不要接受他对自己的评价。在他心情不好的时候，不要用缺乏耐心和紧张的语气和他讲话，他会解释成你对他缺少同情心、缺少爱。努力放松、自信和充满深情，再一次告诉他，你有多么爱他。

如果在你说尽所有积极的话之后，他还是坚持自我贬低，你可以试着用彻底转换话题的方式打破他悲观的咒语，提议去饭店吃一顿大餐或是去光顾冰激凌店。

最后，如果你的孩子通常情况下像大部分孩子一样快乐，某段时间却陷入了持续的自我批判和难过心境之中，那他很可能遇到了真正的压力，至少有轻微的自杀倾向。在这种情况下，你的孩子就需要精神心理专业人员的帮助了。

教会孩子与人相处

处理“小霸王”问题

我们抚养两个儿子的时候，在我们居住的大部分地方都会遇到和邻居孩子之间发生矛盾的问题，在我的儿科医生实践中，父母也经常带来类似的问题。

最难处理的问题是邻居中欺负小孩子的“小霸王”，这些欺凌弱小的孩子很少去惹和他们一样大的孩子，他可能会给受害者——那些看上去比较温和、敏感的孩子带来身体上的伤害，但是更多时候他只是威胁和捉弄别人。他通常在识别哪个孩子更容易捉弄或更容易吓唬方面是个天才，并一直跟在这些孩子后面欺负他们，直到他们哭着跑回家。只是想想这些孩子就会让我气愤，因为在我的童年里，有时候我就是一个受害者。

好父母该怎么做呢？以我的经验，不太可能有效的办法是向“小霸王”的父母告状。他们通常是相当好斗的人，这也是他们把孩子培养成“小霸王”的原因，他们可能会粗鲁地把矛头转向你，护着自己的儿子，让你管好你自己的事情。如果你自己出去骂这个男孩，也许有用，但缺点是这会告诉你的孩子他自己照顾不了自己，他需要父母的保护。如果可行的话，最具建设性的办法是告诉你的孩子，如果这个“小霸王”让别的孩子不舒服，那他就是一个爱捉弄别人的孩子，聪明的办法是不理他，继续玩你自己的。这在理论上足够正确，但对一个幼小、羞怯的孩子来说却是很难实现的。

作为父母，最安全的第一步是友好地接近这个“小霸王”，假设他不想真的伤害任何人，先给予他无罪推定，再对他解释说，当他捉弄别人或假装要做什么恶意的事情时，那会吓坏小孩子，小孩子不知道那只是在捉弄人而已。所以，你要像一位大人和大人谈话那样，请求他的理解与合作。父母在和这个孩子谈完话之后，不妨逗留一会儿，这会是个不错的主意，也许还可以加入他们正在玩的游戏当中，表现出这位家长是一个非常好的人，但是非常了解情况，而且就在附近。

更进一步的方法可能你听起来觉得有点儿奇怪，是让你和这个“小霸王”做亲密的朋友，和他交谈，请他吃饭甚至一起去做一次短途旅行，引导他吐露真情，以你的友善唤起他个性中善良的一面，如果他内心有善良一面的话。当然，如果你觉得他是令人反感的，你就不能有效地做到这件事了，但是你要记住，他在家里一定是某种公开或隐蔽的霸道行为的受害者，所以，你可以像一位儿科医生或儿童心理学家那样对他抱以同情。

即使你无法引导出他更好的天性，他也可能不再会像以前那样随便欺负你的孩子了。

避免孩子变得过于敏感或好斗

你能不能做些什么，从一开始就帮助你的孩子避免变得过于敏感、容易受人欺负呢？我想是可以的。敏感的孩子可能从出生开始就带有敏感的气质，或者他成长在家庭舞台的中心，爸爸妈妈都聚焦在他的身上，对他微笑，给他所有想要的合情合理的东西，总是亲切和蔼地、有礼貌地对待他。如果他在4～6岁时和别的孩子有了一些接触，通过比较他会发现他们粗鲁、贪得无厌、吵闹而且不顾及他人，确实相当吓人。相比之下，其他孩子则是脸皮厚、不娇气，遵循一种自然的过程，不太可能在社交方面觉得不自在，也不会在不被关注时有受伤的感觉。当面对别人的挑战和攻击时，即使情况相当严重，这些孩子也会坚持自己的立场，或者毫不留情地予以反击。

我的观点是让每一个孩子习惯于和别的孩子打打闹闹、有舍有得地游戏玩耍，从他刚会走路就要开始。

现在，假设情况完全颠倒过来，一个邻居孩子的父母向你来告状，说你家孩子把他的孩子整得很惨，在我看来，唯一的办法是表达真诚的歉意，并诚恳地保证和孩子一起来处理这件事情。如果证明原来是邻居有什么误会，那就无妨，但如果是孩子直接或间接地承认欺负人了，我不会立刻跳起来斥责他，而是向他解释那个孩子会感到多么屈辱伤心，建议他要格外友好地帮助人家去治愈这份伤痛。如果你觉得孩子有时候变得过于好斗了，那也许是因为有什么事情让他感到心烦，要向学校的老师和同学了解一下情况，如果有迹象表明确实如此，再去咨询孩子的儿科医生、家庭医生或执业护理师。

与邻居的孩子相处

一个完全不同的问题是，如果你天生是个对孩子非常热情和友好的人，你的家里就会整天挤满了孩子，甚至直到夜晚。你怀疑他们可能在自己家里不太受欢迎，所以他们就成群结队地到一个热心而好客的成人家里来。

你希望提供多少娱乐，那是你的权利，但你要记得，许多孩子，特别是那些更加敢做敢为的孩子，对于一个彬彬有礼的成人给予的温和提示，类似“你的父母会着急的”或“现在一定是你们家吃晚饭的时间了”，他们是不敏感的。如果他们给你一个满怀信心的否定回答，你就必须友好而坚定地对他们说：“现在，每个人都必须回家去！”可能还要加上一句“明天上午10点以前不要到这里来”或“得到我的邀请你们才能再来这里”。然后，当第二天一早7点45分，几个充满渴望的面孔出现在你家门口时，别不好意思对他们说：“不行，我们还没有准备好邀请你们呢，10点以前不要回这儿来。”这样的声明可能会让成人觉得感情受到伤害，但是孩子不会。

你也有权利支配自家的后院。我想父母如果希望随时跟踪了解自己孩子的情况，那么别的孩子想到自家院子里来玩就应该很高兴，这是我占有欲很强的妈妈的想法。她在我家后院里布置了一个沙坑、三个座儿的秋千、一个跷跷板、一个简单的旋转木马和一个“颠簸板”（一块坚固的长条形宽木板，两端架在支撑物上）。她想监督和控制自己的孩子，所以她设计装修好家里的后院，邀请所有邻居的孩子来玩，这一招很管用。

如果有年龄大一些的“小气鬼”或好搞破坏的、满口脏话的孩子到你家后院来玩，或者只是有几个粗心的孩子践踏了你的花和不爱护游戏设备，我建议你每次都要首先友好地向孩子解释，为什么这种行为会让年龄小的孩子或更多胆子小的孩子感到不舒服，你打理这个花园有多么不容易，希望赢得这个孩子的同情。然后，在院子里待一会儿，或者加入到游戏中来，这么做通常已足够让捣乱者和破坏者离去，因为这里没有什么让他们感兴趣的事情可做了。

如果可能的话，我会避免表现出激动不安或生气的样子，那些难对付的孩子喜欢激怒成人使之情绪失控，而一般的孩子则喜欢八卦邻居中有些特别的人，即那些总是爱发脾气和容易骂人的人，这些人被他们当成女巫和吃人妖魔。

孩子们喜欢用一些细小的、不易察觉的方式给这样的人制造点儿小麻烦，并把他们的孩子当作天敌。如果你的院子曾经被某个蛮横的、搞破坏的少年所侵扰，我想你最好叫来警察，而不是在失望泄气中对他们大喊大叫。

如果你的院子被打劫或是毁坏，而你怀疑是某个邻居家的少年干的，你该怎么办呢？如果有充分的证据，我个人倾向于去和这个男孩的父母谈，如果他们很负责任地接受了，从那时起，就让他们来处理这件事。如果没有证据或他们否认了证据，那你只好什么也不做或者报警。对许多这样的小案件，如果发现了证据，警察会因为初犯只给这些孩子一顿训斥，这就足以把他们吓得不敢再以身试法了。

与附近的青少年相处还有个相当纠结的问题，当你的女儿决定在家里办一次聚会，不是只请几个朋友，而是要请几十个朋友时，她说不希望你在场，否则会毁了这次聚会，而且你在场会让她觉得很为难，你要在场她宁可不办。通常出现的情况是，除了受到邀请的客人之外，还会有许多没有被邀请的人进来，有的人可能会喝酒、吵闹，像要和人打架似的。

我的感觉是，至少在孩子18岁以前，即使父母不在家庭聚会上出现也应该待在家里（这会遭到所有青少年和许多父母多数票的反对）。如果局面开始失控，不管女儿或儿子是否反对，父母有权公开出现，不是出来给谁点颜色看看，而是以友好的态度在客人中周旋调解，这个行为本身就能对聚会起到平静和引导的作用。

另一个解决办法是，力劝你的孩子在一段时间内分别开几次聚会，每次请6～8位朋友，或是在家里或是在饭店，这样就不太可能乱套了。

坚持你的决定

在结束这个话题之前，我想回到一条普遍原则上来，即面对学龄前的孩子、小学生或中学生，无论是邻居的孩子，还是你自己的孩子，怎样坚持你的决定。

孩子越大这个问题就越严重。用你做不到或不打算做的事情威胁孩子，比无能为力还要糟糕。从根本上说，在管理邻居孩子时，你必须依靠你的道德权威，就像你对自己孩子所做的那样。你必须有一个信念，你有权利坚持正确的行为，这是你要传递给孩子们的信念，并且让他们相信他们也应该和必须这样做。

这对有些父母来说是很难相信的，他们自己就是在吼叫、威胁和殴打中长大的，因为他们的父母不相信有什么可以依靠的事情，但是通过了解许多只用道德权威（从不体罚）抚养长大的孩子，我可以证明，这种方法比任何威胁或打骂都更有说服力且更有效。

如果你在提出了一个坚决的要求之后，再和邻居孩子在一起待上半小时，以保证这个要求得以执行，这样你在他们当中的道德权威地位就会得到强化。你不必对他们发脾气，你可以做得很友好，但是要坚定。

第六章
学校教育与社会教育

教育是什么

"在做中学"

教育不是一件事情、一套生产程序，与熟记乘法表与创作有趣的艺术作品、安全驾驶汽车、理解物理现象和说一门外语不同，教育从根本上来说是完全不同的事情。

如果把学习当成一个自然的过程来理解，可以从我们希望儿童和青少年学习的许多现代科学技术中暂时倒退回去，看一看在非工业化社会中发生了什么事。那时男人都有一个职业，如捕鱼或打猎，女人收获食物、做饭、做衣服、照看孩子。

婴儿时期，孩子受本能的驱使去探索、操作和测试他们的本领，2 ~ 3 岁的时候他们在自己的理解和能力范围内模仿父母的活动，讲的话渐渐复杂起来，可以自己吃饭和刷牙。

3~6岁，他们强烈认同自己的父母，父母爱他们，他们也极为喜爱和崇拜父母。他们更多地效仿与自己同性别的父母，希望自己能像他们一样，在游戏中扮演女人和男人、妈妈和爸爸，操练他们的日常活动并理解他们的兴趣、行为和态度。这首先是一种情感动力，也是非常强大的一种动力。父母树立榜样，孩子通过效仿向他们学习。这是自然的教育过程。

现在的教育是难以置信的复杂，而且门类繁多，但是我相信，教育最为强大的动力还是温暖和彼此尊重的师生关系。当学生上了大学后，大部分人有了充分的自我激励的能力，让自己适应上大课和不讲情面的导师。

随着文明的发展，越来越多的历史记载和技术信息被保存下来，对大多数父母来说，向孩子传递技能和知识已力不从心，于是学校被建立起来，在学校有具备专门知识的人教孩子。因为学科内容通常是用语言和数字来表达的，过去几个世纪的教学倾向于用讲义的形式让孩子熟记并背诵。在穆斯林村庄里，很多年来小学生还在背诵《古兰经》，当他们最终完成这个目标时，会被大家看作有智慧的人。历经千百年的岁月，知识加速发展，同样的模式还在延续，即熟记讲义或教科书、背诵或考试。

有时，教育改革者发现这种教学方式不一定能产生在实践中真正有用的知识和技能，特别是在医学或法律等专业院校里。例如，一个医学院学生可能会列出某种疾病的典型症状，但是辨别不清一种疾病和另一种类似疾病的患者有什么不同，或者他不知道怎么向患者提问，怎样向他解释病情，不知道如果病情严重的话怎样安慰他。学生必须在老师的精心督导下，通过接触活生生的病人，学会这些技能。

哲学家和教育家约翰·杜威，在小学和中学教育中证实了同样的原则。当孩子们在一个真实的或是模拟的生活场景中“在做中学”时，他们学得更加深入。杜威提倡让孩子们参与一个吸引人的项目，这个项目的内容会与学校学习科目相联系，取代通过听讲然后背诵，以及用一堂课学习阅读，再用其他课时分别学习写作、算术、社会研究的方式。三年级的学生可以阅读美洲土著印第安人的故事，写一写他们，理解他们认为重要的事情，并了解在白人到来并破坏他们的风俗习惯之前，印第安人怎样谋生和迁徙，孩子们可能在一个模拟的或是画在墙壁上的美洲土著人村庄里协同工作。一个在阅读和算术学科上落后的孩子，会凭着小组同学和自己对整个项目的强烈兴趣，努力去赶上大家。

班级授课制可以通过额外的作业来挑战优秀学生的兴趣和能力，从而丰富充实教学内容，提供的班级是小型的（所有班级都应该是小班授课），教师应当受过良好的训练。如果一个孩子阅读能力很优秀，而班级的学习需要完成一些去图书馆查阅资料的工作，这个孩子就可以被选去图书馆完成这个任务，不是由老师选他去，因为这会导致他被嘲笑为“老师的宠儿”，而是由全班同学把他作为最能帮助大家的人推选出来。

人际关系的教育

我相信人与人的关系应当是所有教育的组成部分。如果两个小学生之间发生争吵，老师不应该对此采取压制和忽视的态度，他可以引导孩子进行一次友好的讨论，谈谈事情是怎么发生发展的，两个人各自是怎么想的，怎么解决这个问题，怎样避免问题再次发生。

到了初中，从广义上来讲，人际关系的教育应当包括在性教育之中。性教育不应该仅限于讲有关身体的解剖学、生理学知识，而是应该包括男孩和女孩、丈夫和妻子关系中与心灵相关的方面——彼此的理想化给双方带来最好的感觉，帮助、保护对方的愿望，最重要的是彼此给对方带来快乐并保持下去，然后是一起珍爱和抚育好孩子的愿望。从这种广泛意义上来说，性教育包括所有的男孩女孩的关系、男人女人的关系，包括青春期的孩子非常关注的约会和晚上不许外出的时间，还包括化妆品和服饰样式、男人和女人的职业。在学校大部分课堂中应该鼓励讨论这些话题，从生物课到文学课再到历史课，允许学生按照他们自己的发展和成熟水平来了解这些课题。

教育者的错误观念

教育者不断倒退回我所认为的错误观念里，比如，现在的学习更多是以教室中的作业练习为主要形式，用分数和等级来衡量知识水平和进行竞争，学校的职责是把所有学生教育得符合学校的标准，或者让他们不及格，主张美国的教育改革应包括提高学校标准，而且莫名其妙地通过延长学时或学期、增加家庭作业来让孩子达到学校标准。研究显示，这些措施没有一条能够提升学校的绩效。

我认为在我们的学校里最严重的问题是学生的高辍学率，特别是这个日益技术化的社会里的那些出身贫寒的孩子，解决问题的办法是为那些学习动力最弱的孩子提供最有激励性的教育计划和师资力量。要认识到16岁的孩子和4岁的孩子一样，最强大的学习动力是感觉到自己被父母和老师喜爱与欣赏，希望长大以后能成为像他们一样的人，并觉得自己每天都能如愿以偿地实现一些目标!

提高学业标准和坚持每个学生都要达到这个标准，只能让辍学率不断上升。

父母提供给孩子的教育

父母怎样才能得到他们希望提供给孩子的教育呢？如果他们可以选择的话，就通过学校之间的比较选择；通过参加家长会，坦率地说出自己的意见，支持他们所信任的老师、校长和校董事会成员；参与学校董事会的选举，不只是投票，而是为他们所认可的候选人提供工作上和财力上的支持；在有正当理由的情况下，对高中的预算坦率地提出意见；表明他们更喜欢把资金用在提高高中教师工资上（为了留住最好的教师），而不是用来添置新的运动器材，通常体育迷们可以通过其他方式来改善运动条件。

如果孩子在某门功课的学习中有问题，父母该怎么帮助他呢？这里有个例子，可能也会对其他情况有所借鉴。如果一个敏感的孩子，特别是一年级的孩子，被一位外表严厉的老师吓到，父母可以通过和老师或校长的沟通来帮助他，表达要谨慎得体，不是为了批评这位老师，而是要指出孩子的过分敏感。父母可以通过充满同情地倾听来帮助孩子，同时也向他说明，老师要用他认为正确的方法来教育学生，孩子则要学会与难以相处的人打交道。

孩子在潜移默化中学习

孩子在社会里的学习方式

在我们这个技术化、工业化社会里，我们把正规学校教育——幼儿园、12年的中小学，可能还要加上4年或更长时间的大学教育——看成正常的学习过程。

但是还有另外一种学习，它更多地需要依靠对自己所敬重的人的情感认同，通常是长者，大多数是父母。这是孩子们在没有学校的社会里的学习方式，是世界上许多地方的现实情况。儿童和青少年不需要竭尽全力或有意识地付出努力就可以学会这些能力和态度。你可以在半岁婴儿的牙牙学语中看到这种最简单的学习方式，好像婴儿认为那就是在说话。1岁之前在他们有了模仿能力之后可以学会玩拍拍手游戏，而且乐此不疲。1岁多的孩子从父母手里抢走勺子笨手笨脚地喂自己吃饭，差不多用将近一年的时间，他开始学会说话。

我记得一个大约1岁的小女孩，在她还不会自己走路的时候，从卧室柜抽屉里拿出一件衣服，把它绕在自己脖子上，倒着爬下楼梯来像模像样地表演。

两岁的孩子每周学会数百个新词语以及怎样使用这些词语的语法意义，从名词开始到物体和人的名称，再到动词和动词短语。

这种学习比学校学习更为基本和重要，这是动物的学习方式，它们不用书本，甚至也没有语言，年幼的动物认真观察它们的父母，因为父母与自己有着强烈的依赖性关系。

更重要的是，**年幼的孩子希望长大以后能成为像父母一样的人，这是他们学习在婚姻中、在社会生活中、在他们成人的工作中怎样与人相处的方式。这不是“偶然”的学习，是现有的最基本、最有价值的学习方式。**当我们试图忽视它时，我们就会犯各种各样的错误，无论是父母还是学校的老师。

再给大家举一些例子：男孩通过观察他们的爸爸和哥哥（如果有哥哥的话），学习怎样做个男人，怎样像个男人那样走路，用男人的语气语调说话，享受男性的友情。一份良好的学习关系有赖于爸爸对儿子的爱和欣赏，这也是为什么男孩能够用希望成为爸爸那样的人来做出回应，他不会希望自己和一个既不对自己表达爱，甚至也不关注自己的爸爸成为一样的人。

许多年前，我观察了一个例子，一个4岁的女孩怎样效仿她的妈妈。这位妈妈教她的女儿给一个玩具娃娃洗澡，脱下它的衣服，为它淋浴，帮它擦干，给它穿上纸尿裤，穿上衣服，把它放在床上。每一步妈妈都会重复这个问题：“看到我是怎么做的了吗？宝贝儿，认真看我做，亲爱的。”最后，她退下来不插手，交给跃跃欲试的女儿的小朋友去做，但是，这个4岁的女孩很快打断了那个小朋友：“不，亲爱的，不是那样做的，现在，再认真点儿看我怎么做。”这是谁的傲慢的、高高在上的说话方式呢？是这个4岁女孩的妈妈的，这个女孩在4岁的时候就完全学会了。你可以肯定当她长到24岁并有了孩子时，她还是会像4岁时这样喜欢指挥别人和有优越感，她在4岁的时候就已经变成了和她的妈妈同样类型的人。

我的妈妈几乎谁也不怕，却非常害怕醉汉。尽管她从没有对孩子们说起过这件事，但是我还清楚地记得，我四五岁时有一次在市中心人行道上，我们碰巧看到了一个醉汉，妈妈的手把我的手抓得紧紧的，以至于这件事让我用了20年的时间才从害怕醉汉的不安中走出来。

孩子们最渴望观察人们怎么工作，想象他们怎么做事，他们花许多时间玩“过家家”游戏，实际上意味着用他们观察到的父母的言行举止来扮演父母的角色。男孩假装在早上和他的“妻子”说再见，接受嘱咐或嘱咐别人，开车离开。如果妈妈出外上班，她的女儿也会做同样的事情，或许也把孩子放在日托中心。如果父母双方都在家里参与照顾孩子，孩子们就会挨着个儿命令和批评在家庭游戏中扮演孩子的玩具娃娃或是弟弟妹妹。这形象地展示出了父母在孩子心目中的家庭教育行为，觉察到这些有时会让父母觉得尴尬不安。

男孩和女孩会仔细观察男人和女人在可以看见的户外工作中的活动（这比进办公室去工作更有吸引力），如驾驶公交汽车、操作挖土机等。

要在孩子心中建立起日后他们自己去上学和有朝一日能够自己读书的愿望，最好的方式是经常给他们读书。父母可以从尽可能早的年龄，如婴儿时就开始给孩子读书，这会让他们体会到这种亲子共享活动的快乐和兴奋。这是为学习所做的非常有效的准备。

过早接受学科教育的害处

谈到过早推动孩子接受正规学科教育的害处，我总是会想起一部心理学家制作的电影，他提倡在阅读方面进行非常早期的指导，还声称他没有对孩子施加任何压力。他展示了一个两岁的孩子，看起来像一只被吓坏的随时准备逃跑的小兔子，这个男孩不断地向四周张望，想找到一条逃跑路线，但是没门儿。他用胆怯的声音喃喃念出教练指出来的字词。这倒是让我有了压力，担心这可能是一种伤害，使他在今后的童年岁月里拒绝学校学习。这个场面让我起了一身鸡皮疙瘩。

我们不仅吸收了父母好的品质和态度，也吸收了坏的。统计数据表明，大部分虐待妻子的丈夫在他们小的时候看到过他们的爸爸做同样的事情，虐待孩子的父母在童年时也曾被虐待。即使他们有意识地否定这种行为，但在他们的耐心逐渐消失时也很容易重蹈覆辙。

让孩子正确认识竞争

竞争过度的社会

我认为我们的社会变得越来越竞争过度，太多的竞争造成了我们在其他方面的问题，我不认为这是必要的。当然，我们人类属于一种社会等级物种，我们总是在某种程度上要与人竞争。这一点你在孩子身上也可以看到，即使在没有竞争性的家庭中，当他们第一次学习游泳或是自然地发起一次奔跑比赛时，他们会争相赢得父母的关注。

但是在一个低竞争性的社会或家庭中，父母可能不会对这种孩子的比赛发表评论，甚至都没有注意到。在美国，这个竞争力被高度推崇的国家，许多父母喜欢用大声喊叫和赞美之词来激励孩子。

我要说，**孩子们内心对竞争的感觉不是想去伤害任何人，只是因为好玩有趣，这是无害的。父母和老师的煽动和驱使，或是意在羞辱别人的竞争动机，更可能扭曲孩子们的价值观。**

前面我举了个例子，一个心理学家声称他能不施加任何压力而教会一个两岁孩子阅读，但是展示这个方法的影片却显示出，他给了孩子相当大的压力，那个孩子看上去像一只成了猎物的小兔子，眼睛左瞟右瞟好像在寻找一条逃跑的路线。

日托中心和幼儿园的老师告诉我，许多父母对孩子能否胜过别人非常焦虑，不断地询问为什么还不教他们三四岁的孩子读写和学习算术。这种制造“超级儿童”的急功近利的行为最让人不安的是，没有人证明过早的学校式课程计划日后能产生具有更好的阅读能力和成绩更好的学生，我怀疑这种过早的学校式学习活动会让许多孩子对所有学校教育产生紧张感和厌学情绪。

三四岁的孩子通过经常观察他们的父母和照着父母的样子塑造自己，为成为未来的男人、女人、爸爸、妈妈、劳动者和具有合作精神的公民做准备，对这个年龄的孩子来说，这绝对比读、写、算重要得多。事实上，许多年前实验显示，孩子们从7岁开始学习读、写、算要比从传统的6岁开始学得更快、更容易，遇到的困难更少。回答一个好奇的三四岁孩子关于字母和数字的问题，我知道并没有坏处，但父母给孩子的压力会引起孩子的紧张。

在我们大部分的中小学和大学里，学生给老师留下的深刻印象，不是因为他们对世界和对自己的认识理解，而是他们在一个竞争系统中取得的分数等级和学位。如果分数太低，你就是失败者；如果分数非常高，你就被认为高人一等。**老师可以通过具有合作精神的项目，来鼓励学生更好地理解这个社会和更广阔的世界。**

孩子们过去经常参加夏令营，首先是为了了解大自然和在快乐的活动中得到放松，冬天没有这个条件和时间。现在他们更多时候是被送去参加紧张的数学或计算机学习，或是训练他们的网球打得更“专业”。

儿童早期自然自发的体育活动最初的目的在于有趣，看看自己能做到多好。依我看，最近几年人们的体育焦点越来越多地转向要在竞争中取胜，其中不言而喻的假设是，你当然不应该期望从中得到什么乐趣，只是为了获得荣耀。教练越来越权威，他们被雇来就是为了取胜。我了解这些是因为我曾在一所大学参加了三年的八桨赛艇活动，这可不是什么好玩的事。

我认为飞盘是男女都可以玩，并能一起享受快乐的好游戏，触身式橄榄球是另一个好游戏。但是你知道，如果飞盘或触身式橄榄球变成主流运动，教练们就会被雇来组建一支能够取胜的队伍，以满足校友的竞争欲望。

在城镇和小都市，大部分男性市民对高中足球队的成功和对出色球星的倾情崇拜，会让在不同环境下长大的人觉得很惊讶。球队中的大部分人头脑冷静足以抵抗人们的奉承，但是我也知道个别的高中和大学明星，他们的情感与社会性成长因为他们在这个年龄段所获得的竞技体育方面的成功而受到阻碍，从此以后，他们再也发现不了其他足以激励他们的令人满足的事情。这是中年人为了满足自己急切的求胜心而在利用年轻人。

大学招收拥有“体育奖学金”的高中明星学生，即使他们是很差的学生，在我看来这是导致学生玩世不恭的一个诱因，我们已经有太多的玩世不恭了。我相信，所有能证明自己可以从大学教育中受益，却负担不起大学学费的学生，应该由政府来支付他们的损失费。

我认为高中水平以下的有组织的体育活动，如果目的在于享受单纯的运动快乐，提高体育技能，那是无可非议的。但是我听说有些比赛场上，父母从看台上蜂拥而下扰乱裁判，因为他们认为裁判的一个判罚有失公平；而且我也看到过有位父亲，因为儿子犯了一点错误就猛冲到孩子跟前，当着全队成员的面嘲笑他，他的举动足以让一个敏感的男孩感受到巨大屈辱，并从此反感体育运动。

孩子能感觉到来自父母的压力

孩子能感觉到任何来自父母的压力，即使他们还不理解。许多父母传递给孩子的过度的竞争压力，通常并不是由于父母刻意要把他们的进取心激发到不正常的程度，而是因为父母自己感觉到持续不断的压力，要出人头地，这种心态弥漫在我们的社会中，他们不得不传递下去。他们甚至经常并不知道自己处于竞争压力之下，不知道自己是在鼓励孩子竞争，因为他们的压力如此顽固，以至于让人觉得那就是正常生活。只有在你把这种竞争压力与其他更淳朴的社会中人们轻微得多的紧张状态相比较时，你才会认识到我们的生活有多么忙乱。

一位十几岁孩子的父亲向咨询师坦言，他因触犯法律而陷入了麻烦，他全力以赴地工作，努力挣更多的钱，想象能让家庭受益，并使自己的竞争力达到事业顶峰，结果，他实际上失去了与孩子的情感联系，也忽略了他的妻子。

一位父亲对他上大学的儿子说：“你不用操心政治，儿子，你的工作是出人头地。”因为他的儿子开始关心政府在解决国家的社会和经济问题上如何失败。这样的建议——忘记政治和社会福利，只专注于“顽固的个人主义”——就是为什么只有50%的美国成年人参加投票的原因，也是为什么我们的政府忽视了社会福利、健康事业和孩子的教育事业的原因。这位父亲的建议就是让一个年轻人从一项非常重要的、为了公共利益的民主行动中走开，转向为了他自身发展的竞争之中。

大部分职场上的男人和现在越来越多的职场上的女人，把职业上的满足感放在首位，认为他们的工作是生活中最重要的事情，优先于家庭、友情和文化爱好，诸如参与和享受音乐、摄影、文学、戏剧、运动和自然研究。

检验我这些冒昧之词的一个方法是，问问自己，当你没有足够的时间去做所有事情时，什么事情会被冷落？孩子生病时，职场妈妈会把孩子放在优先地位，而大多数健康的孩子则没有那么多机会把职场父母从工作中拉出来，让他们请客吃顿美餐或是去听一场音乐会。父母回答说：“妈妈（或爸爸）必须去工作。”我听到过孩子表达这样的不满，他们也抱怨在晚上和周末没有更多的时间和父母在一起。

我所举出的这些例子，父母、老师和电视节目激发起儿童和青少年的竞争意识，这种情况已经足够严重到引发悲剧和犯罪的地步。我想说明的是，多方面的影响助长了过度的竞争，包括对于不太认真负责和不太稳定的个人的冲击，这些影响因此造成我们社会的逐步衰退。例如，犯罪学家认为，犯罪率增长的因素之一，是那些犯罪青年没有理想，因为他们在整个儿童时期是被忽视的，在广告中看到好东西，在电视剧中看到高级生活，他们说：“为什么我不能也享受到这些东西呢？”

在成人中，不惜一切代价追求利益最大化的动机导致了华尔街的内幕交易犯罪，一个婴儿食品公司把糖水当成苹果汁来卖，一些运动员用违禁药物来提高他们的比赛成绩，一些政客为了赢得选举而受贿，一些银行家为了获得高收益而轻率地发放贷款导致银行遭遇灭顶之灾，一些国家领导人牺牲了孩子们和母亲们的健康和福利，以赢得来自企业的青睐和选举基金。

抵制过度竞争趋势

我相信能够抵制这种趋势的最重要的力量是父母（也包括老师），不要教育孩子去竞争和出人头地，而是要为他人服务，要善良，要有合作精神，要有爱心。父母最有效的影响是夫妻之间和亲子之间的互相体谅、尊重和关爱，因为年幼的孩子始终在按父母的形象来塑造自己。

另外，父母可以鼓励孩子以适合他们年龄的方式为他人服务，即使是两岁的孩子也可以让他们帮助摆放餐具，他们也愿意做，因为这是大人做的事。不同年龄的孩子应该承担定期的家务责任和院子里的活儿，不是用令人扫兴的方式强加给他们，而是当成一件为家庭幸福做贡献的事情来做，能和父母一起来做就更好了。青少年应该有家庭以外的定期工作，例如，在儿童机构做助手，给学习上有困难的小孩子做家庭教师，或者做临时保姆。他们的体验不管是成功还是不成功，事后都应该与一位成熟的教师在课堂上进行讨论。

父母给孩子分配工作的态度极为重要，不要把这件事当成令人不快的义务，而应当成一个帮助别人的机会，父母始终要做出榜样。

我坚信，如果父母能明白他们在工作和生活中是多么喜欢与人竞争，他们是如何把竞争意识传递给孩子的，他们就能渐渐学会放松，从生活中得到更多的乐趣。但是，这些只能通过努力而逐步实现。

如何评判孩子的老师

孩子是否喜欢老师

我认为最重要的标准是看你的孩子是否喜欢这位老师。

你可能会说，孩子可能会最喜欢一位不太严格的老师，但是谁愿意找一位靠令人愉快并把功课变得过于简单而受到孩子们欢迎的老师呢？这种担心听起来符合逻辑，可根据我的经验却是完全不正确的。事实上，孩子们对一位不太严格的老师是相当有判断力的，我曾听到他们说："詹金斯小姐是个好人，但是她什么也没有教会我。"

孩子们最好的学习是效仿一位喜爱他们的成年人，而且他们也喜欢和崇拜他。在世界上有许多地方没有学校，孩子们学习打猎、捕鱼、建筑、织布、照料婴儿、做饭，都是通过怀着浓厚兴趣效仿同性别的父母而来，他们崇拜自己的父母，爱他们并且希望长大后能成为他们那样的人。在教育天平的另一端，我们可以看到在医学院校里接受训练的学生和实习医生热切地向一位年长的医生学习，这位医生是他们所敬重的人，而且也尊重他们，他们向他学习怎样做医生。没有人会希望向一位不喜欢他们的老师学习。

如果孩子喜欢一位老师，那就意味着这个老师爱他们，努力去理解他们每个人的问题，这是教育成功的一个主要因素。

人们认为孩子在学校学习的科目很难，需要老师高超的教学技巧和学生的刻苦努力才行，这个看法总的来说是错误的。每个年级的学科知识对大多数孩子来说是容易的，不需要付出巨大的努力，如果他们没有受到惊吓或是在某些方面受到阻碍的话。孩子们受到阻碍是因为他们被老师吓着了，或是害怕自己听不懂，所以老师的友好和耐心，理解孩子会在什么地方发生学习障碍，并帮助他们克服它，这是所有老师能力中极为重要的决定因素。

当然，一些孩子学不会的另一个原因是，他们的学习能力没有达到目前课堂教学内容所要求的程度，因为他们的智力低于平均水平。通过观察那些在阅读、拼写、算术或写作这些特定学科上有学习困难的儿童，可以发现一个更常见的原因，老师对这些孩子的期望值经常不切实际，而这些孩子在课堂上需要特殊的照顾才能充分发挥他们的学习潜能。对其他孩子来说，对学习任务的注意力问题或未被确认的行为问题都可能限制他们的学习。

我曾在一间有6个8岁学生的小型非正规学校上学，这里的老师没有受过训练，急于让我去学习除法，这对那个年龄的孩子来说，实在是太复杂了，我天天哭。这个错误在于极少有那么大的孩子能做除法。

“学习能力”并不只意味着智力，10%拥有良好智力的孩子在上小学的前几年，记忆字母的形状和位置还比较慢，他们会混淆“d”和“b”，或是混淆“god”和“dog”，这首先会让他们在学习阅读时速度比较慢。另一些孩子在掌握某种数学概念时会比较慢。这种学习障碍可以被有经验的老师预见，通过测试做出诊断，然后用特殊的方式加以治疗。

好的老师帮助个别学生

我们回到评判老师的问题上来。一位好老师的第二条标志是，无论他是教幼儿园还是教高中，都要看他是用大部分时间对全班学生喋喋不休，还是发现那些遇到困难的个别学生，并帮助他们摆脱出来。

有一种无能的老师会威胁学生说，他将给他们低分或是不让他们升级，这样做更有可能让落后的学生气馁，而起不到激励他们的作用。老师的工作是让教学足够容易理解、足够有趣，并且足够有挑战性，这样学生就会不由自主地沉浸其中。

这意味着要设计课程计划、学习过程中的练习、创造性的教学方案和校外考察旅行，这些会让学科学习内容看起来真实且令人兴奋。这还意味着要给特别聪明认真的学生布置富有挑战性的作业，给学得慢一些的学生布置不太难的作业，让他们不至于变得气馁，而且每天都会得到一些成就感。当然，必须是小型班级才有可能做到这些。如果一位老师用体罚或者把学生送到校长那里以示惩罚，那他就已经失败了，并且失去了我对他的尊重。

好的老师鼓励主动性、责任感和创造性，这些品质对所有学生都是必不可少的，如果他们为成年后承担工作做好准备，就会比那些无所事事的人和从最底层做起的人更出色。这些品质不能通过书本和老师或父母的说教来学习，孩子们是通过在日常生活中得到运用于实践的机会来发展这些品质的。明智的老师每天给学生机会去发挥主动性，为自己的学习制订计划，自己试着解决某些问题，即使他们会犯错误。他会鼓励学生在写作、艺术作品和戏剧表演中发挥创造力和独创性，当让学生自己策划一些项目时，他会让他们在最少的指导下自己完成。只有把责任交给孩子，才能教会孩子承担责任。

你怎么知道老师是不是帮助个别学生，并鼓励主动性、创造性和责任感呢？你可以从孩子告诉你的有关学校的事情当中得到暗示和线索，但是最好的办法是去参观一下教室，不是只用半个小时，而是用至少半天的时间。

如果你的孩子抱怨一位可怕的老师或是一位好像没法教会学生的老师，怎么办？特别是那些刚上一二年级的敏感而过于认真的孩子，他们最容易慑于老师的威严或被老师吓到。他们不仅是在抱怨中表现出这一点，而且一些孩子会在上学的早晨吃不下早饭，诉苦说肚子疼，或是在上学的路上呕吐。孩子六七岁时对这种不能让老师满意的恐惧是一种转变，从生命最初的五六年里只做父母的孩子，转变成要开始做一个外部世界的人，要与他人合作，承担责任和逐渐独立。

我认为当孩子抱怨老师的时候，同情地倾听会有帮助，但是不要急于对老师下结论，认为老师差劲儿或是不够格。你可以说：“我能理解这件事让你多心烦，老师批评你，还当着全班的面。”然后，你可以去参观一下教室，看看是什么样子的，只是到那儿去看看就可以暗示老师也许哪里出了问题，并且让他对孩子的感觉考虑得更周到些。

下一步你可以约老师做一次面谈，不是去抱怨老师，而是问问老师孩子表现怎么样，然后你可以提到这个问题，不要用责备老师的措辞来表达，而是说“他担心自己是否能做得足够好”或者“当他不能马上理解某些事情时，他会感到惊慌并且放弃”。

受到威慑的孩子通常在几周之内脸皮就变厚了，知道老师的严厉不像看上去那么危险。如果孩子持续紧张和闷闷不乐，父母可以联系校长来寻求帮助。在这种情况下，父母还是不要把问题主要归咎于老师，这会让校长为老师来辩护。可以把问题原因代之以孩子的敏感或尚未发展成熟，校长可以从字里行间理解你的意思，并且可能会建议在教室中安排一些辅助学习的设施，和这位老师交流一下，或者由学校顾问或教育心理学专家给孩子做个正规的评估。

这个讨论带给我们其他两个问题。对孩子有高标准而且抱有雄心壮志的父母有时会试图说服学校，把他们的孩子放在比学校认为合适的水平更高一些的年级或班级，这经常被证明是一个错误，因为把孩子放得过高可能会让他跟不上，然后他就会因掉队而感到耻辱。

特别聪明的孩子的父母有时会以为，他的孩子在一个普通班级里一定会觉得无聊，这不完全是事实。如果班级不大，老师受过良好的训练并富有想象力，他应该能让这个孩子的作业更丰富充实，例如，在课堂上、学校图书馆或城镇图书馆给孩子提供额外的阅读材料。这在传统的一间教室的学校中也是同样适用的原则，那里的一间教室中可能有多个年级的孩子，老师会给每个孩子布置不同的作业。

为孩子选择兴趣班

兴趣班课程对孩子的价值

芭蕾课、踢踏舞课、钢琴课、小提琴课、绘画课、艺术欣赏课、博物馆的摄影课、戏剧鉴赏课，怎么样？对孩子有价值吗？孩子和父母应该主动去参加这些推荐课程吗？

我想，如果孩子能拥有一两项技能，或至少能欣赏其中一种艺术，那就是有价值的。音乐技能最终会给表演者和观众带来巨大的快乐，它会丰富人的心灵，使人获得成就感。一些舞蹈技巧也能带来同样的好处，另外，舞蹈被人们认为可以培养出优雅的姿态和体型，我认为这是有价值的。

培养对油画、素描、雕塑和摄影的鉴赏能力，无论一个人走到哪里，都会打开一扇通往快乐和灵感之门。如果一个人成了活跃的艺术家，无论是业余的还是专业的，这种快乐和灵感会更加强烈。

有些孩子在童年的早期和中期非常渴望去上音乐课或请来音乐启蒙老师，他们非常自觉地不断练习，不需要父母的督促。我看到这样的孩子大部分是来自于音乐家庭，家里有专业的音乐家做榜样，创造出了一种家庭氛围，认为一旦开始学习，放弃上课和停止练习都是不可思议的事情。

上音乐课的最大问题

对年幼的孩子来说，在我的印象中上音乐课最大的问题就是练习。我在朋友的孩子和我自己孩子身上都看到过这种困难，也经常在患者那里听说这一点。对于需要长年累月的枯燥练习才能达到弹出美妙音乐的程度，孩子们没有任何概念。当父母为了测试孩子的感兴趣程度，向他们指出这些困难时，孩子们会把这个警告当成耳旁风，发誓说他们会长时间地、兴致十足地练习。童年时的承诺来得很容易啊！

父母应该成为向孩子推荐课程的人吗？我认为有的时候这是管用的，特别是不需要练习的课程。但是考虑到有很多孩子在一段时间以后就会失去热情，特别是对音乐课的热情，我个人的偏见则是更支持把主动权交给孩子。即使这样也不能保证孩子们能坚持到底，但这样孩子们可能会坚持得更好一些，因为最初是他们自己的主意，而不是父母的希望。我说这是“我个人的偏见”，是因为许多父母的选择是给孩子机会去尝试上某种艺术课。每位父母都有权做出符合自己意愿的选择。

在我的印象中，没有父母施加压力的孩子，在几周或几个月以后，也会发生同样的情况，孩子会说他不想再练琴或不想再上课了。如果父母态度非常积极，沟通很有技巧，他们可能会说服孩子继续坚持下去。如果几个月以后，尽管父母和老师都付出了最大的努力，但很明显孩子已经完全失去了学习音乐的热情并且逃避和拒绝上课，我倾向于停课，这对父母和对孩子都好。

我的意见是，在任何情况下，父母更好的做法是避免做提醒或督促孩子练琴的工作。在大部分家庭中，亲子之间已经有太多易引起关系紧张的微妙原因了，如果有必要的话，让压力从老师那里来。

我并不希望我个人关于练琴的悲观看法对父母们有不良影响，我只是提醒他们万一对孩子的学习积极性产生怀疑时，要注意什么问题。有的孩子确实能做到不间断地练琴、上课，通过他们自己的学习热情、老师和父母的鼓励和压力共同作用，最终成为有才华的音乐家。谁能预知孩子将来会成为什么样的人呢？如果你真的决定坚持下去，尽管只能得到来自孩子的一部分合作，你也可以以后再决定要不要取消音乐课，那是在你确信失去的远比得到的多时。

铃木教学法

我一直在谈孩子在家庭中的个人的音乐课和个人的音乐练习，现在我想把背景转到铃木教学法上来，这是一种让孩子们在小组中进行学习和练习的方法，也可以应用于个别教学。大家在一起练习减轻了许多练琴的痛苦，铃木教学法还减少了孩子学琴的困难，因为他们不必一开始就学习识谱，它假设孩子们学习音乐曲调的方式和学习说话是一样的，要通过模仿，识谱可以晚一些时候。

高中的音乐课

关于音乐课的情况到了高中则很容易改变，如果学校有个乐队和乐器教学系统，许多年轻人就会有兴趣参加，原因是多方面的，来自他们对音乐的喜爱、学校的气氛和在社会舞台上展现自己的愿望。

发生在青少年时期的对流行音乐的强烈兴趣，激发了年轻人重新报名去参加他们童年时扔掉的音乐课，或者开始初次在摇滚乐队里演奏乐器，或者自学成才。这些音乐可能不是父母所喜欢的，但是它确实激励了年轻人，满足了他们的渴望，那些精通乐器的孩子可能会组建乐队。一些年轻人从古典音乐中获益，在他们成年之后成了古典音乐的鉴赏者或演奏者。

让孩子自己决定

至于舞蹈课——芭蕾、踢踏舞、现代舞——许多女孩和一些男孩都会感兴趣和渴望学习，不需要来自父母的任何激励。如果作为父母你特别希望女儿去上舞蹈课，而且她很容易受影响的话，只需要带她去观摩一次就可以了。不过，如果她没有感觉，我不会强迫她。我不认为父母觉得应该去学，孩子就得被迫付诸行动，还是让孩子自己来做主吧。

至于孩子可能在哪些艺术门类上有兴趣，你或许已经从孩子自发的素描、彩画或泥塑中看出来了，你也可以带孩子去参观他们可能感兴趣的主题艺术展览，特别是儿童作品展览。许多孩子在一个艺术班里真实地看到别的孩子在创作时就会对艺术产生兴趣，但是最终还是让孩子自己决定他想不想上这个课。

我不相信把孩子每天的时间都拴在许多课程和活动上是可取的做法，他们应该有自由的时间，可以不定期拜访朋友，读一些不是学校要求的书籍，和邻居孩子一起游戏，发展自己的爱好。孩子们更应该有做梦的时间。